그대의 성격은 강하지 않습니다.
모든 일에 참견하려는 그 조바심이란!
그대는 모든 음식에 소금이 되려고 기를 씁니다.
그런데 내가 분명히 짚고 넘어간다고
불쾌하게 생각지 마십시오.

그대는 소금이 될 자질이 부족합니다.
그대는 소금처럼 녹아서
눈에 띄지 않게 사라질 줄 모릅니다.
그대는 희생정신이 모자란 반면
호기심과 과시의 기운은 그득합니다.

외롭고, 주목도 끌지 못하고, 가치도 없고…
몸이 달리지 않은 초라한 나무십자가를 볼 때마다,
그 십자가가 곧 그대의 십자가라는 점을 잊지 마십시오.

매일 같이 짊어져야 하고 쉽게 눈에 띄지도 않고
광휘도 위안도 없지만,
못박힐 몸을 기다리는 그 십자가의 주인공은,
바로 그대여야 합니다.

길

1999년 7월 30일 교회 인가
2003년 8월 15일 초판 1쇄 펴냄
2006년 1월 1일 개정판 1쇄 펴냄
2007년 2월 14일 개정판 2쇄 펴냄
2016년 2월 22일 개정판 3쇄 펴냄

지은이　호세마리아 에스끄리바
옮긴이　박 찬
펴낸곳　도서출판 흰물결
펴낸이　박수아
표지그림　일랑 이종상

주　소　06595 서울 서초구 반포대로 150 흰물결아트센터 4층
등　록　1994. 4. 14 제3-544호
대표전화　02-535-7004　팩 스　02-596-5675
이메일　mail@cadigest.co.kr
홈페이지　www.catholicdigest.kr
ⓒ2003 흰물결

The Way
The original title in Spanish, *Camino* by Josemaría Escrivá
CopyrightⓒFundación Studium, Madrid 2001 All rights reserved
Korean translation copyrightⓒWhite Wave 2003

값 15,000원
ISBN 978-89-9533380-8 03230

길

호세마리아 에스끄리바 지음 박 찬 옮김

흰물결

길

추천사 _ 6

저자 _ 7

서문 _ 12

출판 현황 _ 20

저자 서문 _ 21

서시 _ 22

성격 _ 25

영성지도 _ 39

기도 _ 45

거룩한 정결 _ 54

마음 _ 61

금욕 _ 68

보속 _ 76

양심성찰 _ 82

결심 _ 85

소심증 _ 88

하느님의 현존 _ 91

초자연적 삶 _ 96

내적 생활에 관한 부연 _ 101

미지근함 _ 108

공부 _ 111

정신형성 _ 118

개인 성화 _ 126

하느님의 사랑 _ 133

애덕 _ 138

방법 _ 146

성모님 _ 152

성교회 _ 158

미사성제 _ 161

성인들의 통공 _ 165

신심 _ 168

믿음 _ 174

겸손 _ 178

순종 _ 184

가난 _ 188

신중함 _ 191

기쁨 _ 195

다른 덕들 _ 198

시련들 _ 203

내적 투쟁 _ 210

종말론적인 일들 _ 218

하느님의 뜻 _ 223

하느님의 영광 _ 229

성소를 위한 활동 _ 233

작은 일들 _ 239

전술 _ 244

영적 어린이 _ 251

어린이의 삶 _ 257

부르심 _ 267

사도 _ 274

사도직 _ 282

인내 _ 289

주제색인 _ 294

성경인용 색인 _ 318

성경에서 인용된 구절 _ 322

사랑하는 독자여, 이 날카로운 행行들, 이 함축된 사상은 그대에게 전하는 말씀입니다. 각 단어를 곰곰이 묵상하면서 그 의미에 젖어보십시오. 페이지마다 하느님의 영이 휘돌고 있습니다. 각 금언 뒤에는, 그대의 의지를 보고 또 그대의 결심을 기다리는 성인이 계십니다. 완결되지 않은 상태로 남아있는 문장들은 그대가 행실로 채워야 합니다.

물러서지 마십시오. 그대의 인생은 고통을 견디는 것이어야 합니다. 이것이 그대가 주님의 제자인 이유입니다!

그대의 가장 큰 적은 그대 자신입니다. 왜냐하면 그대의 육신이 약하고 세속적이기 때문입니다. 그대는 강하고 천상적이어야 합니다. 그대 몸의 무게 중심은 세상입니다. 그러나 마음의 무게 중심은 반드시 천상이어야 합니다. 그대 마음은 하느님의 것이고 전적으로 그분께 애정을 집중시켜야만 합니다.

사랑하는 독자여, 쉬지 마십시오. 항상 깨어있고 경계하십시오. 적은 잠들지 않습니다. 만일 그대가 이 금언들을 실천에 옮긴다면, 그대는 예수 그리스도를 완전히 본받게 될 것이고, 흠 없는 사람이 될 것입니다. 그리하여 그대와 같은 그리스도인들 덕분에 옛 성인들과 학자들과 영웅들의 위엄을 되찾게 될 것입니다.

1939년, 성 요셉 축일에
비토리아 교구장 ***하비에르 대주교***

성 호세마리아 에스끄리바 St. Josemaría Escrivá 몬시뇰은 1902년 1월 9일 스페인 북부 바르바스트로에서 출생했다. 15, 6세 무렵 하느님의 부르심을 느껴 사제가 되기로 결심하고 1918년 로그로뇨 신학교에서 성직을 위한 공부를 시작, 사라고사의 성 프란치스코 데 파우라 신학교에서 공부했다. 1923년 교회장상의 허락을 받고 사라고사 대학에서 시민법을 공부했지만 이런 공부들이 그의 신학공부를 방해하지는 않았다.

그는 1924년 12월 20일 부제품을 받고, 1925년 3월 28일 사제가 되었다. 사라고사 교구의 벽촌인 페르디게라에서 사목을 시작한 그는 후에 사라고사에서 사목했다. 1927년 봄, 사라고사 대주교의 허락을 받아 마드리드로 옮겨 거기서 도시빈민들과 병원의 불치병 환자들, 죽어가는 사람 등 각계각층의 사람들 속에서 다양한 사도직을 수행했다.

그는 성심의 사도 자매회가 운영하는 복지기관인 환자재단의 지도신부로 일하는 한편 대학입시학원에서 가르치면서 시민법 박사과정을 공부, 마드리드대학에서 법학박사 학위를 취득했다.

1928년 10월 2일 하느님께서 그때까지는 암시에 지나지 않던 것을 분명히 보여주셨다. 그리하여 성 호세마리아 에스끄리바는 '오푸스 데이 Opus Dei'를 창설했다. 교회 안에 새로운 길이 열려 사회 모든 계층 사람들이 자신의 신분을 바꾸지 않고도 세상 한복판에서 일상적인 일의 성화를 통해 사도직을 실천하고 완덕에 도달할 수 있게 됐다.

1928년 10월 2일부터 오푸스 데이 창설자는 모든 영혼에게 지대한 열성을 갖고, 하느님께서 그에게 맡겨주신 사명에 전력을 쏟았다. 1930년 2월 14일 그는 여성들에게도 오푸스 데이 사도직을 개방해야 한다는 것을 인식했다. 1934년 그는 성 이사벨라재단 지도신부로 임명되었다. 스페인 내전이 전개되는 동안, 때때로 신변에 닥치는 위험을 무릅쓰고 마드리드와 북부도시 부르고스에서 사제직을 수행했다. 그 당시 이미 성 호세마리아 에스끄리바는 반대에 부딪혀 고통을 체험했지만, 초자연적인 안목을 가지고 묵묵히 이를 견뎌냈다.

1943년 2월 14일 그는 오푸스 데이와 긴밀하게 일치해있는 '성 십자가사제회'를 창설했는데, 이로써 오푸스 데이 회원들은 사제품을 받을 수 있는 한편, 교구사제들은 자신의 장상주교에게 완전히 종속된 상태로 성직을 수행하면서 오푸스 데이의 영성과 수련방법에 따라 성화를 꾀할 수 있게 되었다.

1946년 그는 자신의 거처가 될 집을 로마에 마련했다. 거기서 오푸스 데이의 남녀회원들에게 견실한 기본정신과 금욕정신과 사도직을 주는 일에 온 정력을 쏟으면서 세계 곳곳의 오푸스 데이를 발전시키고 지도했다.

에스끄리바 몬시뇰은 교황의 명예 고위성직자였고, 교황청 로마 신학학술원 회원이었으며, 신학교 및 대학성성과 교황청 교회법해석위원회 자문위원이었다. 그리고 스페인의 나바르와 페루의 피우라대학 총장을 역임했다.

성 호세마리아 에스끄리바는 1975년 6월 26일 선종했다. 그가 서거할 즈음, 오푸스 데이는 80개 국에 6만 명 이상의 회원을 확보한 상태였다.

자신의 생애를 교회와 교황성하를 위해 봉헌했던 그는 로마 평화의 성모성당 납골당에 묻혔고 그의 가까운 협력자로 수년 동안 함께 일해온 알바로 델 포르틸료 Alvaro del Portillo 1914~1994 몬시뇰이 만장일치로 그를 승계했다.

현재의 오푸스 데이 단장은 성 호세마리아 에스끄리바와 그의 첫 승계자 알바로 델 포르틸료와 수십 년간 함께 일했던 하비에르 에체바리아 Javier Echevarria 몬시뇰이다.

오푸스 데이는 창설초기부터 교구장의 승인을 받았고, 1943년 성청 사도좌로부터 인준을 받았으며, 1982년 11월 28일 교황 요한 바오로 2세에 의해 성직자치단으로 승격되었다. 이는 성 호세마리아가 예측하고 갈망하던 교회법적 형태였다.

오푸스 데이 창설자가 생존시에 누렸던 그의 성성에 대한 명성은, 그의 선종 이후 전세계로 퍼져나갔다. 이는 그의 전구를 통해 얻은 영적 물적 수혜자들이 보낸 수많은 보고서에서 드러나고 있다. 이 보고서 중에는 의학적으로 설명이 불가능한 치유의 사례도 여럿 들어 있다. 또한 5대륙에서 교황에게 보내온 에스끄리바 몬시뇰의 시복시성심사를 청원하는 서한도 대단히 많다. 그중에는 69명의 추기경과 전세계 주교의 3분의 1이 넘는 1,300명 주교들의 서한도 들어있다.

1981년 1월 30일 시복시성조사성에서 심사개시를 위한 인가가 내려졌으며, 1981년 2월 5일 교황 요한 바오로 2세는 이 결정을 인준하였다. 1981년과 1986년 사이에 로마와 마드리드에서 인지심사 절차가 개시되어 에스끄리바 몬시뇰의 생애와 덕행에 관한 정보를 수집하였다.

1990년 4월 9일 에스끄리바 몬시뇰은 가경품에 올랐으며, 1992년 5월 17일 시복식이 교황 요한 바오로 2세의 집전으로 로마 성 베드로 광장에서 거행되었다.

2001년 12월 20일, 교황 요한 바오로 2세는 성 호세마리아의 전구를 통해 일어난 기적을 인정하는 교령을 시성성에서 공식 발표했고 2002년 10월 6일, 오푸스 데이의 설립자, 성 호세마리아 에스끄리바의 시성식이 로마 성 베드로광장에서 장엄하게 거행되었다. 성 호세마리아의 시신은 로마 Viale Bruno Buozzi 75번지 평화의 모후 성당에 안치됐는데 오푸스 데이 창설자의 모범과 가르침에 이끌려 하느님께 가까이 나아간, 전세계에서 모여든 수많은 사람의 끊임없는 기도와 감사가 함께 하고 있다.

그의 저서로는 신학적 법학 연구인 <우엘가스의 여자 수도원장 La Abadesa de las Huelgas>을 비롯, 여러 언어로 번역된 다음과 같은 영성 서적들이 있다. <길> <거룩한 묵주의 기도> <그리스도께서 지나가신다> <하느님의 친구들> <십자가의 길> <교회와 사랑> <밭고랑> <대장간> 그리고 기자와의 인터뷰가 <에스끄리바 데 바라게르 몬시뇰과의 대화>라는 제목으로 사후 간행되었다.

서 문

"이것은 친구로서, 형제로서, 아버지로서 내가 그대 귓전에 속삭이
고 싶은 것들입니다. … 그대가 아름다운 인생을 시작하고 또 기도와
사랑의 길을 떠날 수 있도록 말입니다."

저자는 사람들에게 매일 하느님 아버지와 접촉하면서 살아가는
방법을 보여주려고 책을 쓰기 시작합니다.

〈길〉은 1934년 〈영적 성찰〉이라는 제목으로 처음 출판되었고,
1939년 두 번째로 좀더 긴 텍스트가 나왔는데, 제목을 스페인어로
〈Camino〉라고 붙이게 되었습니다. 그 이후로 다양한 종족과 문화와
계층의 수천만 명이 성 에스끄리바의 말씀 안에서 하느님을 알고 또
삶에 의미를 부여해주는 빛과 힘을 발견해왔습니다. 본서가 여러 언
어로 번역돼 수백만 권의 중판을 거듭하고 있는 것으로 그와 같은 사
실을 분명히 알 수 있습니다. 〈길〉은 누군가가 평했던 것처럼 아주
단시일에, 영적 문학의 고전이 되었습니다.

그렇기 때문에 이 서문의 목적은 본서를 소개하는 것이라기보다
본서가 명성을 떨치는 이유들을 제시하는 데 있습니다.

"〈길〉은 성교회의 영원한 특징을 보여줌과 동시에 부단한 부흥의
능력을 보여주고 있다."

이는 프랑스의 한 언론인이 본서에 대한 인상을 요약한 것인데 Le Figaro, 1964. 3.24. 사실 <길>의 주된 특징을 말하고 있습니다. 본서가 주는 메시지의 깊이와 생명력은 그리스도의 세계는 죽어있는 어떤 것이 아니라 그 세계에 마음 문을 닫아버린 모든 남녀의 삶을 변화시킬 수 있는 실체임을 알려줍니다. <길>은 독자에게 복음에 따라 그리스도의 삶을 살아가라고 권합니다.

"스스로를 그리스도인이라고 하면서도 그대가 왜 그런 게으르고 쓸모없는 생활을 하고 있는지 나는 이해할 수 없습니다. 그리스도께서 힘써 일하셨던 생애를 잊었단 말입니까?"356

"그대의 행동과 대화가 그대를 보는 사람이나 그대의 말을 듣는 모든 사람으로 하여금 '이 사람은 예수 그리스도의 생애를 읽는 사람이야' 라고 말할 수 있게 하십시오."2

그리스도인은 세례 때 받은 소명을 책임있게 받아들이면서 "주님의 발자취를 따라"213 살아야만 합니다.

"'가서, 복음을 전하여라… 내가 너희와 함께 있겠다…' 이것은 예수님께서 하신 말씀인데 바로 그대에게 하신 말씀입니다."904

<길>의 저자는 이와 같은 초대 혹은 부르심이 본질적으로 장소를

떠나라거나, 다른 삶의 방식을 선택하라는 초대가 아님을 보여주고 있습니다. 사실 대다수 그리스도인에게 그 초대는 자신이 처해있는 평범한 환경에 맞서라는 초대이자, 또 그 환경을 성화시키는 신적인 방법을 찾으라는 초대입니다. 성 에스끄리바는 "제자리를 떠나라" 832는 유혹을 거절했는데, 이는 하느님의 뜻을 피하는 것이나 다를 바 없기 때문입니다.

그리스도인 각자는 자신의 임무와 직업적인 일에서 거룩함을 찾아야 합니다. 그래서 세속 한복판에서 살아가고 있는 평범한 그리스도인은 일이라는 수단을 통해 자신의 직업적인 일과 자신의 인생을 성화하면서 자신과 이웃을 성화시켜야만 합니다. 인간은 믿음과 희망, 그리고 사랑의 골조를 짜는 존재입니다. 독자는 하느님의 현존을 자각하는 가운데 성장하고 일상의 사건들과 사람들을 통해 말씀하시는 하느님의 목소리에 귀기울이는 법을 배웁니다.

"하느님이 항상 우리 곁에 계시다는 사실을 확신할 필요가 있습니다. 우리는 마치 별들이 빛나는 저 먼 곳에 하느님이 계시는 양 살고 있습니다. 그분이 또한 우리 곁에 항상 계시다는 것을 깨닫지 못합니다. … 우리는 주님이 천국과 우리 곁에 계시는 아버지, 바로 우리 아버지이심을 깨달아야 하고 또 이 사실을 확신해야 합니다."267

"성령과 사귀십시오. 위대한 영, 그대를 성화하는 영 말입니다. 그대가 하느님의 성전이라는 것을 잊지 마십시오. 성령께서는 그대의 영혼 한복판에 계십니다. 그분께 귀를 기울이고 온순하게 그분의 영감에 따르십시오."57

하느님에 관한 이 말, 이 영적 메시지는 공허한 훈계로 <길> 안에 들어있는 것이 아니라, 생생한 삶 속에 강하게 주어진 것입니다. 이 페이지들은 1925년에 사제가 된 성 에스끄리바의 삶을 반영하고 있습니다. 본서는 성서, 대화의 단편들, 개인적인 체험들, 그리고 편지 구절들로 구성되어 있습니다.

예를 들면, 1933년 5월, 저자는 어느 젊은 건축학도에게 <그리스도의 생애>를 선물하면서 몇 자 적었는데, 그것이 <길> 382항의 기원이 되었습니다.

"그대에게 <그리스도의 생애>를 선물하면서, 나는 그 책 속에 이런 헌시를 적어두었습니다. '그대가 그리스도를 찾게 되기를. 그대가 그리스도를 만나게 되기를. 그대가 그리스도를 사랑하게 되기를' 이는 아주 분명한 세 단계입니다. 그대는 적어도 첫째 단계라도 시도해 봤습니까?"

직선적인 대화 스타일, 개인적이고도 깊이가 있는 인간미는 본서의 주된 매력 가운데 하나입니다. <「L'Osservatore Romano>」 1950.3.24.는 이렇게 적었습니다. "에스끄리바 몬시뇰은 어떤 명작보다 더 뛰어난 것을 썼다. 그는 <길>을 구성하고 있는 짧은 구절들을 통해 심장에서 우러나온 말이 심장으로 곧장 들어가는 글을 썼다."

깊은 인간미가 느껴지는 이 책의 매력은 우연이 아닙니다. 성 호세마리아의 주된 요지는 바로 이것입니다. 인간이 하느님 보시기에 이방인이 아니라는 점 말입니다. 일부의 인간이 아니라 모든 인간이 하느님께 사랑받고 있으며 또 부르심을 받고 있다는 것입니다. 그러므로 완전한 그리스도의 영적 태도는 생활의 일치로써 묘사될 수가 있습니다.

이상의 글들은 본서의 기본 특징 가운데 몇가지를 언급하여 본서의 영속적 가치를 이해하게 도와주려는 것이었습니다. 그러나 본서의 역사적인 중요성과 본서가 교회의 역사에 끼친 영향들을 언급하지 않고 이런 말만 하는 것은 불충분합니다.

1928년 이후로 성 호세마리아의 사목은 오푸스 데이의 창설, 다시 말하면 세상 한복판에서 거룩한 품성을 얻을 수 있는 길을 여는 것으로 구체화되었습니다. 이리하여 오푸스 데이 창설의 역사와 더불어 <길>이 한 권의 책으로 엮이게 되었습니다. 그러나 단순히 오푸스 데이의 정신을 설명하거나 그 회원들을 위해 쓴 것은 아닙니다. 그것은 선의를 지닌 모든 사람에게 그리스도를 따르는 '강한 열정'916을 나누자고 초대하는 것이었습니다.

이 책을 쓰는 동안 성 에스끄리바는 노동자들과 마드리드 대학교 학생들 무리에 섞여 지냈습니다. 그가 <영적 성찰> 서문에서 밝혔듯이, 자신이 지도하고 있는 젊은 대학생들의 영적 지도의 필요성에 부응하여 책을 썼습니다. 이는 <길>에 실린 소수 항목들이 당시의 상황들과 관련되어 있지만, 무엇보다도 세상에 대처하는 법, 세속적인 업무들과 활동 안에서 스스로를 성화시키려하는 사람들을 보면서 연령, 환경, 혹은 어떤 형태의 일에건 두루 적용될 수 있는 가르침을 제시하고 있습니다.

"그대가 몹시 놀라는 것이 당연합니다. 하느님께서 직장에 있는 그대를 찾아내셨다고요? 그분은 첫 제자들도 그런 식으로 찾아내셨습니다. 베드로와 안드레아, 요한과 야고보를 그물 옆에서 찾아내셨고, 마태오를 세관의 의자에서 찾아내셨습니다."799

"그대는 자신을 성화할 의무가 있습니다. 그렇습니다. 그대도 말입니다. 누가 이 의무를 사제들과 수도자들만의 관심사라고 생각하는 것입니까? 우리 모두에게, 한 사람도 예외없이 주님께서 말씀하셨습니다. '하늘에 계신 아버지께서 완전하신 것같이 너희도 완전한 사람이 되어라.'"291

　　<길>이 처음 나왔을 때만 해도, 이런 강론은 전혀 예상할 수가 없었습니다. 그것은 혁명 같은 것이었습니다. 복음정신의 쇄신과는 손을 끊고 있는 몇몇 사람 사이에서 그 말은 놀라움과 이해의 부족을 야기했습니다. 그러나 수많은 사람의 놀라움이 곧 기쁨으로 바뀌었습니다. 왜냐하면 <길>에 실린 말들은 그리스도인으로서 자신들의 품위와 또 이 세상에서 갖게 된 신적 소임을 자각하도록 해준 하나의 혁명이었기 때문입니다.

　　<길>은 사람들을 이끌어 몇 년 뒤 성교회가 제2차 바티칸공의회에서 엄숙하게 선포한 삶을 살게 했습니다.

　　"성교회 안에서 모든 이가 다 똑같은 길을 걷는 것이 아니다. 그러나 모든 이가 다 성성에로 부르심을 받고 있으며 또 하느님의 정의로 똑같은 신앙이라는 특전을 얻었다"2 베드로1 참조 그리스도의 몸을 이룬다는 점에서 모든 신자에게 공통된 품위와 활동은 누구에게나 참

으로 평등한 것이다"교회에 관한 교의헌장, 32

　　성 에스끄리바의 작업은 당시 그리스도교 신자들에게 발자취를 남겨놓았으며 자신의 인생에서 결정적인 순간들을 구현한 이 책은 그 작업의 일부입니다. 그리스도인의 심오한 체험에서 우러나오는 〈길〉은 사람들이 신적 갈망을 갖고 있다고 간주하고 사람들로 하여금 하느님을 사랑하고 하느님을 모시고 살아가라고 권하는 것입니다. 그렇기 때문에 이와 다른 어떤 의도를 갖고 이 책을 읽는 사람은 영적으로 눈먼 가운데, 또 저자의 의도를 모르고 접근함으로써 그 의미를 왜곡시킬 뿐입니다. 〈길〉을 읽으며 은총을 받으려면 영혼의 삶을 인식할 수 있는 최소한의 믿음이 있어야 합니다.

　　"나는 세상의 빛이다. 나를 따라오는 사람은 어둠 속을 걷지 않고 생명의 빛을 얻을 것이다."요한 8, 12

　　〈길〉을 구성하고 있는 999개의 항목은 우리가 이 빛을 볼 수 있게 도와주고자 쓴 것입니다. 평범한 사람의 길인 지상의 모든 길이 '이 세상이 아닌'요한 18, 36 하느님 왕국이라는 희망을 향해 열려있는 성성의 길이 될 수 있게 말입니다. 이와 같은 갈망을 갖고 이 책을 읽는 사람은 누구든 헛되이 이 책을 펼친 것은 아닌 셈입니다.

　〈길〉은 오늘날까지 아래 45개 언어로 총 375판 460만 부가 번역 출판되었다.

　독일어, 알바니아어, 암하리코어에티오피아, 아라비아어, 아르메니아어, 바하사어인도네시아, 버마어, 불가리아어, 서반아어아르헨티나, 볼리비아, 칠레, 콜롬비아, 에콰도르, 스페인, 과테말라, 멕시코, 페루, 우루과이, 베네수엘라, 카탈루냐어, 한국어, 크로아티아어, 체코어, 중국어, 덴마크어, 슬로바키아어, 유고슬라비아어, 에스페란토어, 바스코어, 핀어, 불어캐나다, 프랑스, 콩고 공화국, 게르어, 갈리시아어, 그리스어, 히브리어, 헝가리어, 영어호주, 미국, 필리핀, 아일랜드, 케냐, 나이지리아, 영국, 미국 오디오판, 이탈리아어, 일어, 리투아니아어, 말타어, 화란어벨기에, 화란, 폴란드어, 포르투갈어브라질, 포르투갈, 께추아어페루, 루마니아어, 러시아어, 스웨덴어, 스와힐리어케냐, 타갈루어필리핀, 우크라니아어. 이외에 맹인들을 위한 브라이유 점자법이 독일어, 서반아어, 영어, 포르투갈어로 여러판 발행되었음.

　현재 번역 중인 언어들은 비엘로러시아어, 세부아노어필리핀, 에스토니아어, 레토니아어, 과라니어아르헨티나, 노르웨이어, 타밀어인도, 태국어, 베트남어 등이다.

저자 서문

스페인어판 3쇄에 부쳐 불과 몇 개월 만에 이 책의 초판이 품절됐고, 2쇄도 같은 실정에 놓였습니다. 포르투갈어판이 지금 인쇄 중이고, 로마에서도 수일 내로 이탈리아어판을 찍어달라는 주문이 있었습니다. 우리는 사제들과 수도자들과 젊은이들로부터 신선한 보고서들을 받았는데, 많은 영혼에게 안겨준 영적 열매에 관한 편지들입니다. 나의 친구여, 이 책을 반복해서 읽음으로써 그대가 강해지고 그대의 길을 공고히 했으면 좋겠습니다. 이것이 그대를 위해 내가 주님께 청하는 것입니다.　*세고비아에서, 성십자가 봉헌 축일에, 1945년 9월 14일*

스페인어판 7쇄에 부쳐 <길>7쇄에 서문 몇 마디를 써달라는 부탁을 받았습니다. 사랑하는 독자여, 내가 그대에게 하고 싶은 말은 많은 사람의 손에 이 책을 쥐어주었으면 하는 것입니다. 그리스도와 사귀고 싶다는 열렬한 갈망이 많은 영혼을 사로잡도록 말입니다. 그리고 몇개월 안에 그대에게 넘겨줄 또 한 권의 책 <밭고랑>을 통해 우리가 만날 수 있도록 주님께, 그리고 그분의 복되신 어머니께 기도해주십시오.

　로마에서, 복되신 동정 마리아의 원죄 없으신 잉태 대축일에, 1950년 성년 12월 8일

서 시

가만히 내 말을 들어주오.

그 뜻을 곰곰 생각해보오.

친구로서, 형제로서, 아버지로서,

내가 그대 귓전에

속삭이고 싶은 것들이라오.

우리 다정하게 이야기해요.

하느님께서는 귀가 아주 밝으시다오.

나는 새로운 어떤 것을 말하지 않을 거라오.

다만 그대의 기억을 살짝 흔들어줄 뿐.

어떤 생각이

그대를 감동케 할까요.

아름다운 인생을 시작해보오.

기도의 길을 떠나보오.

그리고 사랑의 길을.

아름다운 영혼이 된다오.

성 격

1 그대의 삶이 헛된 삶이 되지 않게 하십시오. 유익한 자취를 남겨놓
으십시오. 그대의 믿음과 사랑의 빛으로 세상을 비추십시오.
증오의 씨를 뿌린 불순한 자들이 남긴 더럽고 비열한 흔적을 그대의
사도적 삶을 통해 지워버리십시오. 그리고 그대 가슴 속에 간직한
그리스도의 불꽃으로 세상의 모든 길을 밝히십시오.

2 그대의 행동과 대화가 그대를 보는 사람이나 그대의 말을 듣는 모든
사람으로 하여금 "이 사람은 예수 그리스도의 생애를 읽는 사람이
야."라고 말할 수 있게 하십시오.

3 성숙. 어린애 같은 유치한 행동과 천박한 여자처럼 겉치레 하는 것을 삼가십시오. 깊은 내적 평화와 단정한 마음이 외모에 나타나도록 하십시오.

4 "그게 내 방식이고, 내 성격이야."라고 말하지 마십시오. 그것은 그대 성격의 결함입니다.
"*사내대장부가 되십시오! Esto vir!"

5 "안돼."라고 말하는 습관을 기르십시오.

6 "왜 생애를 복잡하게 하려는 거냐?" 하고 속삭이는 악마에게서 즉시 등을 돌리십시오.

7 '우물 안 개구리' 식의 안목을 버리십시오. 마음의 폭을 보편적인 '가톨릭'의 경지까지 넓히십시오.
독수리처럼 날 수 있는데 닭장의 암탉처럼 푸드덕거려선 안됩니다.

8 침착. 화를 냄으로써 하느님께 죄를 짓게 되고, 이웃에게 상처를 주고, 자신의 마음도 상하게 되고… 마지막에는 그 노여움을 가라앉혀

---

* 〈길〉에 나오는 구절들은 오푸스 데이가 설립된 때로부터 책이 출판되어 나온 1938년까지 호세마리아 에스끄리바 성인께서 대학의 젊은 남학생들을 상대로 사목하시며 정리한 내용이라는 것을 염두에 두시길 바랍니다.

야만 한다면 화는 왜 내는 겁니까?

9 그대가 방금 말한 것을 화를 내지 말고 다른 음성으로 말하십시오. 그러면 그대의 말은 설득력을 지니게 될 것이고 무엇보다도 하느님께 죄를 짓지 않게 될 것입니다.

10 누군가가 잘못을 저지른 것을 보고 화가 치밀어 오를 때는 훈계하지 마십시오. 다음날이나 혹 며칠을 더 기다리십시오. 그대가 침착해지고 의지가 정화된 후에 꼭 훈계하십시오. 세 시간의 언쟁보다는 다정한 말 한마디가 더 효과가 있을 것입니다. 성질을 잘 다루십시오.

11 의지 · 힘 · 모범. 해야 할 일은 해야 합니다. 주저없이… 걱정없이….

그렇지 않았다면, *시스네로스는 시스네로스가 되지 못했을 것이고, 아우마다의 데레사는 성녀 데레사가 되지 못했을 것이며… 로욜라의 이냐시오도 성 이냐시오가 되지 못했을 것입니다.

하느님과 담대함!

"그리스도께서 다스리시길! Regnare Christum volumus!"

---

* **시스네로스** (1436~1517) : 스페인 추기경, 스페인 왕실 고문이자 이사벨라 여왕의 고백신부. 트리엔트 공의회가 교회개혁을 시작하기 얼마 전부터 스페인 교회를 개혁함. 그의 용기와 강인한 성격은 널리 알려져 있음.

12 장애물을 통해서 성장하십시오. 주님의 은총이 그대에게 부족하지 않을 것입니다.

"계곡마다 샘물을 터트리시어 산과 산 사이로 흐르게 하시니 Inter medium montium pertransibunt aquae"

그대는 산을 뚫고 나갈 수 있을 것입니다.

압축된 용수철이 더 높이 튀어나가듯, 그대가 지금까지 꿈꾸어 온 것보다 더 높이 도약할 수 있는데 잠시 활동을 멈추어야 한다고 해서 좌절하시겠습니까?

13 시간만 낭비하게 만드는 그런 쓸데없는 생각들을 멀리하십시오.

14 하느님께서 그대에게 주신 정력과 시간을, 길에서 짖어대는 개들에게 돌을 던지느라 낭비하지 마십시오. 그것들을 무시해버리십시오.

15 그대의 일을 내일로 미루지 마십시오.

16 속인俗人들 속에 묻혀버린다고요? 평범한 사람이라고요? 그대는 지도자가 되려고 태어났습니다!

우리 가운데는 미지근한 사람이 있을 수 없습니다. 겸손해지십시오. 그러면 그리스도께서 그대 마음속에 사랑의 불을 다시 붙여주실 것입니다.

17 다음과 같은 증세를 보이는 성격적인 병에 걸려선 안됩니다. 산만함, 일과 말의 부주의함, 덜렁거림, 요컨대 경솔함.

그대 나날의 계획들을 텅 비어있게 '아주 텅 비어있게' 하는 그 경솔함이 그대의 생애를 죽어있고 쓸모없는 허수아비로 만들 것임을 잊지 마십시오. 그대가 제때, 내일이 아니라 지금 당장! 반응하지 않는다면 말입니다.

18 그대가 여전히 세속적이고 경솔하고 분별없이 행동하는 이유는 그대가 비겁하기 때문입니다. 자기 자신과 대항하기를 싫어하는 것이 비겁한 것이 아니고 무엇입니까?

19 의지. 매우 중요한 자질입니다. 그대는 작은 일들을 무시해선 안됩니다. 그것들은 결코 하찮거나 시시하지 않습니다. 왜냐하면 그런 작은 일에서 자신을 이겨내고 부단한 훈련을 함으로써 하느님의 은총으로 의지가 강하고 굳세어지기 때문입니다. 그렇게 해서 그대는 비로소 그대 자신의 주인이 될 것이고 그 다음에는 모범적인 표양과 말과 지식과 탁월함을 통해 남들을 가르치고 밀어주고 이끌어주는 안내자, 장상, 지도자가 될 수 있을 것입니다.

20 그대는 이런저런 사람들의 성격과 부딪칩니다. 그것은 어쩔 수 없는 일입니다. 왜냐하면 그대는 모든 사람이 다 좋아하는 돈이 아니기 때문입니다.

뿐만 아니라, 이웃들과 교제할 때 그런 부딪힘이 없다면 날카롭고 모난 그대의 불완전함과 결점들이 어떻게 깎일 수 있겠으며, 또 질서있고 단단하면서도 부드러운 사랑과 완덕을 어떻게 얻을 수 있겠습니까?

만일 그대와 주변사람들의 성격이 솜사탕처럼 부드럽고 달콤하기만 하다면 그대는 결코 성인이 될 수 없습니다.

21 핑계. 그대의 의무를 회피하는 데 핑계거리가 절대 모자라지 않을 것입니다. 얼토당토 않은 핑계가 얼마나 많은지!

그것들을 생각해내느라 주춤하지 마십시오. 그것들을 물리쳐 버리고 의무를 수행하십시오.

22 굳세어지십시오! 강해지십시오! 사내대장부가 되십시오! 그러고 나서는… 천사가 되십시오!

23 뭐라고요… 더 이상 할 수 없다고요? 덜 할 수는 없다고… 할 수는 없겠습니까?

24 그대는 야망을 품고 있습니다. 지식도…, 리더십도…, 대담함도. 좋습니다. 훌륭합니다. 그러나… 그리스도를 위해, 거룩한 사랑을 위해.

25 다투지 마십시오. 언쟁으로부터는 보통 아무런 빛이 나오지 않습니다. 감정이 빛을 꺼버리기 때문입니다.

26 혼인은 거룩한 성사입니다. 그대가 그 성사를 받을 때가 오거든 영적 지도자나 고해신부에게 유익한 책을 한 권 추천해 달라고 하십시오. 그러면 그대는 가정이라는 짐을 훌륭하게 짊어질 준비를 더 잘하게 될 것입니다.

27 내가 그대더러 그대는 '결혼성소'를 받았다고 해서 웃는 것입니까? 저런! 그대는 바로 그 성소를 받았단 말입니다.
라파엘 대천사께 의탁하십시오. 그분이 토비아에게 하셨던 것처럼 마지막까지 순결을 보호해주십사고 말입니다.

28 혼인은 그리스도의 사병들을 위한 것이지 그분의 참모들을 위한 것은 아닙니다. 음식이 누구에게나 필요한 것과는 달리, 자손을 낳아 대를 잇는 것은 개개인에 따라 필요치 않을 수도 있는 것입니다.
자식을 갖고 싶은 갈망? 우리는 수많은 영적 자녀들과 꺼지지 않는 빛의 자취를 남기게 될 것입니다. 만일 육신의 이기심을 희생한다면 말입니다.

29 자신의 껍데기, 자신의 상아탑… 속에 움츠러든 이기주의자들의 제한되고 애처로운 행복을 이 세상에서 얻기는 어렵지 않습니다. 그러

나 이기주의자들의 그런 행복은 오래가지 못합니다.

그 만화 같은 천국의 모습을 얻기 위해 그대는 끝없는 영광의 기쁨을 잃어버리겠단 말입니까?

30 그대는 계산적입니다. 그러니 젊다고 말하지 마십시오. 젊은이는 모든 것을 바칩니다. 따지지 않고 청춘 그 자체를 바칩니다.

31 이기주의자! 그대는 언제나 그대 자신만을 돌봅니다. 그대는 그리스도의 형제애를 못 느끼는 것 같습니다. 주변사람을 형제가 아닌 딛고 올라설 디딤돌로 보고 있군요. 그대가 철저히 실패하리라는 것이 훤히 내다보입니다. 그리고 그대가 몰락할 때 그대는 남들이 그대를 사랑으로 대하리라 기대할 것입니다. 그대가 그들에게 좀체로 보여주지 않았던 사랑으로.

32 그대가 다른 사람들을 단지 디딤돌로만 여긴다면 그대는 결코 지도자가 될 수 없습니다. 그대가 모든 영혼의 구원을 열망해야만 비로소 지도자가 될 수 있습니다.

그대는 다른 사람들에게 등을 돌린 채 살아서는 안됩니다. 그대는 모든 사람의 행복을 간절히 원해야 합니다.

33 그대는 '바닥이 드러날 때까지 진상을 조사하는 것'을 결코 원치 않습니다. 어떤 때는 예의 때문에, 대부분의 경우엔 자신이 언짢아지

는 것을 두려워하기 때문에, 또 어떤 때는 남들을 언짢게 하는 것을 두려워하기 때문에, 언제나 두려움 때문에!

그러나 진실을 파헤치는 것을 두려워하는 한 그대는 결코 훌륭한 판단을 지닌 사람이 못될 것입니다.

34 진리 때문에 죽을지언정 진리를 두려워하지는 마십시오.

35 나는 완곡하게 말하는 것을 좋아하지 않습니다. 그대들은 '비겁함'을 '신중함'이라고 부릅니다. 그대들의 '신중함'은 하느님의 적들에게 기회를 제공하여 머리가 텅 빈 사람들이 학자인 양 행세하게 하고, 또 결코 차지해선 안될 그런 자리까지 올라가게 합니다.

36 그렇습니다. 그런 악습은 근절할 수 있습니다. 적절한 조처 없이, 가망 없다고 내버려두는 것은 성격에 결함이 있는 것입니다.

그대의 의무를 회피하지 마십시오. 올바르게 수행하십시오. 남들이 하지 않더라도 말입니다.

37 그대는, 시쳇말로 '말재주'가 있습니다. 그렇지만 그 많은 '말'로도, '하느님의 섭리'라고 말한다 하더라도 정당하지 못한 것을 정당화할 수는 없습니다.

38 과연 그게 사실일까요? 난 그걸 믿을 수 없습니다! 세상에는 인간이

아니라 욕망만이 존재한다는 거 말입니다.

39 "제가 쉬운 것만 찾지 않도록 기도해주십시오."라고 그대는 말합니다. 나는 벌써 기도했습니다. 이제 그 멋진 결심을 성취하는 일은 그대에게 달렸습니다.

40 믿음, 기쁨, 낙천주의. 그러나 현실 앞에 눈을 감아버리는 바보짓은 안됩니다.

41 어쩌면 그렇게도 어리석은 짓들을 하면서 살아가고, 또 그렇게도 머리와 마음이 텅 빈 채 무게 없이 둥둥 떠올라 세상의 무엇이 되려고 하는지!

42 왜 마음에 그런 동요들이 있는 것입니까? 언제쯤 한 가지 일에 전념할 것입니까? 이제 그만 주춧돌 놓는 일을 중단하고 그대의 계획 가운데 단 하나만이라도 마지막 돌을 얹어 결말을 지으십시오.

43 너무 예민하지 마십시오. 아주 작은 일도 그대를 화나게 합니다. 사람들이 그대에게 말을 건넬 때는 극히 사소한 일에서조차 말조심을 해야 합니다.
"넌… 불쾌한 놈이야."라고 내가 말한다고 해도 언짢아 하진 마십시오. 그런 태도를 고치지 않는다면 그대는 결코 쓸모있는 사람이 못

될 것입니다.

44 그리스도인의 사랑과 훌륭한 예절에 따라 먼저 정중히 사과하십시오. 그러고 나서는… 거룩한 뻔뻔스러움으로 의연하게 의무수행의 정상에 도달할 때까지 쉬지 말고 계속 걸어 나가십시오.

45 사람들이 그대에 대해 부당한 험담을 해서 마음이 아픈 겁니까? 만일 하느님께서 그대를 떠나신다면 그대는 더욱 비참해질 것입니다. 덕행을 꾸준히 실천하고, 그 소문쯤은 무시해버리십시오.

46 많은 사람들이 이해하고 있는 '평등'이라는 말이, '불공평'과 동의어라고 생각하지 않습니까?

47 그런 허세와 그런 우쭐거림은 그대에게 어울리지 않습니다. 그것들은 가짜로 보입니다. 적어도 하느님 앞에서나, 그대의 지도자 또는 형제들 앞에서는 그런 행동을 취하지 마십시오. 그러면 그들과 그대 사이에 놓여있는 장벽 하나가 제거될 것입니다.

48 그대의 성격은 강하지 않습니다. 모든 일에 참견하려는 그 조바심이란! 그대는 모든 음식에 소금이 되려고 기를 씁니다. 그런데 내가 분명히 짚고 넘어간다고 불쾌하게 생각지 마십시오. 그대는 소금이 될 자질이 부족합니다. 그대는 소금처럼 녹아서 눈에 띄지 않게 사라질

줄 모릅니다. 그대는 희생정신이 모자란 반면 호기심과 과시의 기운
은 그득합니다.

49 지껄여대지 마십시오. 다른 이의 비밀을 수군대거나, 이간질하거나,
고자질하는 것 같은 유치한 행동을 삼가십시오. 그대는 한껏 달아오
른 사랑을 이야기와 잡담으로 식혀버리고 말았습니다. 그대는 제일
나쁜 일을 저질러버린 것입니다.

그리고 어느 때 재잘재잘 지껄인 그대의 혀가 다른 사람이 지닌 인
내심의 단단한 벽을 뒤흔들어 놓았다면, 그대의 성소를 지탱시키는
주님의 은총을 잃고 만 것입니다. 왜냐하면 그대의 혀는 이미 적의
도구로 전락하고 말았기 때문입니다.

50 그대는 호기심이 많고 캐묻기를 좋아해서 무엇이나 알고 싶어합니
다. 그러나, 정작 자신의 결점에 대해서는 사내답지 못한 것이 부끄
럽지도 않습니까?

사내대장부가 되십시오. 그리하여 다른 사람들의 생활을 참견하는
대신 그대 자신이 정말 누군지를 알려고 애쓰십시오.

51 도저히 설명할 수 없고 원치도 않았던 험담과 수치스러운 구설수에
휘말렸음을 알았을 때 단순하고 솔직한 그대의 남성다운 기개가 짓
눌려졌습니다.

그렇다면 그런 구설수가 끼친 모욕을 참아내고 그 경험이 그대를 더

신중하게 만들도록 하십시오.

52 다른 사람들을 판단해야 할 때 그대는 왜 자신이 겪은 쓰라린 실패를 들어서 비판하는 것입니까?

53 험담이 아님은 인정하지만 그런 비판적인 정신을 그대가 사도직에서나 그대 형제들에게 행사해선 안됩니다. 이 말을 하는 날 용서하십시오. 그대의 초자연적 임무에서는 큰 방해가 될 수 있습니다. 왜냐하면 다른 사람들의 일을 판단해야 하는 의무도 없이 판단하는 것은 긍정적인 일이 아니며, 설령 그대가 최상의 동기를 갖고 있다 해도 그 점은 나도 인정하지만 그대는 그대의 부정적 태도로 모든 사람의 진보를 지연시킬 뿐입니다.

"그렇지만," 그대는 걱정스럽게 묻습니다. "비판정신은 제 성격의 기본인 걸요…?"

들어봐요. 마음을 편하게 해드리죠. 펜과 종이를 가져와요. 단순하고 솔직하게 그리고 짧게 쓰세요. 그대를 괴롭히고 있는 것을 말입니다. 그 쪽지를 그대의 윗사람에게 드리세요. 그리고는 그것에 대해 더 이상 생각하지 마세요. 그는 책임자이고 직책에 따르는 은총을 지니고 있습니다. 그는 그 쪽지를 철해놓거나… 아니면 휴지통에 버릴 것입니다. 그대가 하는 비판은 단순한 험담이 아니고 최상의 동기에서 나온 거라니까, 윗사람이 어떻게 행동하든 그대에게 상관없을 겁니다.

54 타협? 타협해야겠어! 이 말은 싸울 의지가 전혀 없는 게으른 자, 교활한 자, 비겁한 자들이 사용하는 어휘 속에서만 발견됩니다. 그들은 싸움을 시작하기도 전에 자신들이 패배하리라는 걸 알고 있기 때문입니다.

55 들어봐, 이 사람아! 그대가 설사 어린아이처럼 되고 싶어도, 사실 그대는 하느님 보시기엔 아주 어린아이이지요. 낯선 사람들 앞에 그대의 형제를 '웃음거리'로 만드는 어리석은 짓은 하지 마십시오.

영성지도

56 성인이 될 '재목'. 어떤 사람을 두고 "그는 성인이 될 재목이다."라는 얘기를 합니다. 성인들은 '재목'으로 만들어지지 않는다는 사실은 제쳐놓고라도 '재목'을 갖춘 것만으론 충분치 않습니다.

지도자에 대한 지극한 순명과 하느님의 은총에 즉각 응답하는 준비 자세가 반드시 필요합니다. 하느님의 은총과 지도자에게 자신을 내맡기지 않는다면, 성스러운 사람에게 새겨져야 하는 그리스도상은 결코 나타나지 않을 것입니다.

그렇다면 우리가 지금까지 말한 그 '재목'은 거칠고 다듬어지지 않은 땔감용 통나무밖에 안될 것입니다. 만약 그것이 좋은 '재목'이라면 더욱 좋은 땔감만 될 뿐입니다.

57 성령과 사귀십시오. 위대한 영, 그대를 성화하는 영 말입니다. 그대가 하느님의 성전이라는 것을 잊지 마십시오. 성령께서는 그대의 영혼 한복판에 계십니다. 그분께 귀를 기울이고 온순하게 그분의 영감에 따르십시오.

58 성령의 일을 방해하지 마십시오. 자신을 정화하려면 그리스도와 일치하십시오. 그분과 함께 모욕과 침 뱉음과 구타와 가시관을… 체험하십시오. 그분과 함께 십자가의 무게와 육신을 찢는 못들과 버림받은 죽음의 고뇌를… 체험하십시오.
그리고 우리 주 예수님의 열린 옆구리로 들어가 그분의 뚫린 성심 안에서 안전한 피난처를 찾으십시오.

59 그대는 이 건전한 가르침을 언제나 마음에 새겨두는 것이 좋겠습니다. "돌풍과 폭풍을 뚫고 내적 생활의 암초 사이사이로 영혼을 인도하기엔 자기 자신의 마음은 사악한 충고자이며 형편없는 선장이다." 그렇기 때문에 빛과 지식을 갖춘 거룩하신 스승, 즉 예수님이 그 배의 지휘를 맡아 우리를 안전한 항구로 인도하는 것이 곧 하느님의 뜻입니다.

60 그대는 건축사 없이는 이 지상에 좋은 집을 짓겠다는 생각을 아예

하지 않을 것입니다. 그렇다면 영적 지도자 없이 어떻게 천국에서 영원히 사는 데 필요한 성화의 성을 쌓겠단 말입니까?

61 일반신자가 윤리스승처럼 행세한다면 그는 자주 오류를 범하게 됩니다. 일반신자는 제자일 뿐이기 때문입니다.

62 영적 지도자. 그대에게는 그분이 필요합니다. 헌신하기 위해서, 포기하기 위해서… 순종하기 위해서. 그대의 사도직을 이해하고 하느님의 뜻을 알고 있는 영적 지도자가 그대에게 필요합니다. 그런 분은 그대의 임무를 존중하면서 그대의 영혼 안에 계시는 거룩하신 성령의 일을 효과적으로 도울 것이며, 그대를 평화로 가득 채우고, 그대의 사업이 열매를 맺을 수 있는 방법을 가르쳐줄 것입니다.

63 그대는 스스로 상당한 사람이라고 자부하고 있습니다. 그대의 연구논문, 그대의 학술조사, 그대의 출판물이나 그대의 사회적 지위, 그대의 가문, 그대의 정치적 활동, 또 그대의 관직, 그대의 재산, 그대의 나이… 더 이상 어린애가 아니죠!
바로 이 모든 점 때문에, 그대는 다른 사람들보다 더 그대의 영혼을 위해 영적 지도자가 필요한 것입니다.

64 악마의 그런 암시들을 그대의 영적 지도자에게 숨기지 마십시오. 그것들을 고스란히 털어놓을 때, 그대는 승리하고 하느님으로부터 더

많은 은총을 얻게 됩니다. 그외에 그대가 계속 승리할 수 있게 하는 영적 아버지의 조언과 기도를 선물로 받습니다.

65 자신을 아는 일과 영적 지도자에게 그대의 참모습을 보여주는 일을 왜 망설이는 겁니까?
자신이 알려지는 것에 대한 두려움을 떨쳐버린다면 그대는 엄청난 승리를 거둘 것입니다.

66 사제는, 그가 누구든 언제나 또 한 분의 그리스도입니다.

67 그대도 잘 알겠지만, 사제는 '또 한 분의 그리스도'라는 것, 그리고 거룩하신 성령께서 말씀하셨던 바를 다시 한번 상기시키려 합니다.
"나의 그리스도들에게 손대지 마라. Nolite tangere Christos meos."

68 사제 Presbyter. 어원적으로 볼 때 그 말은 노인을 의미합니다. 나이 든 사람들이 마땅히 공경을 받아야 한다면 사제는 얼마나 더 공경받아 마땅한가를 생각하십시오.

69 어떤 상황에서도, 그가 누구든 사제를 놀리는 것은 얼마나 교양이 없고 또 존경심이 부족한 짓인지!

70 나는 거듭 말합니다. 그대가 보기에 그럴 수밖에 없는 상황이라 해

도 사제에 대한 그런 놀림과 농담은 언제나 야비하고 무례합니다.

71 우리는 사제직의 순결을 얼마나 찬양해야 하는지! 그것은 사제직의 보물입니다. 어떤 폭군도 교회로부터 이 왕관을 빼앗을 수 없습니다.

72 사제가 품위를 잃게 되는 상황에 빠뜨리지 마십시오. 품위는 점잔 빼는 것이 아니라 소박하게 지녀야 할 한 가지 덕입니다.
"주님, 제게 팔십 노인의 품위를 허락해주십시오."
우리 친구 가운데 한 사람, 그 젊은 사제는 그것을 위해 얼마나 열심히 기도했는지 모릅니다.
그대도 모든 사제가 품위를 지닐 수 있게 기도해야 합니다. 그러면 그대는 좋은 일을 한 것입니다.

73 마음이 아프지요? 심장이 단검에 찔린 것처럼. 그대가 몇몇 사제를 흉봤다고 사람들이 하는 소리를 들으니 말입니다. 그대가 괴로워하는 것을 보니 기쁩니다. 이제 그대가 훌륭한 정신을 갖게 되었다는 것이 확실하기 때문입니다.

74 하느님을 사랑한다면서도 사제를 공경하지 않는 것… 이런 일은 있을 수 없습니다.

75 노아의 착한 아들들처럼, 그대의 아버지인 사제에게서 볼 수 있는 나약함을 사랑의 외투로 덮으십시오.

76 영성생활에 규칙이 없다면 질서도 결코 갖지 못할 것입니다.

77 영성생활의 규칙에, 스케줄에 자신을 묶어두는 것은 너무 단조로울 거라고 그대는 내게 말했습니다. 그래서 나는 대답했습니다. "그대가 주님의 사랑이 부족하기 때문에 단조로운 것입니다."

78 정한 시간에 기상하지 않으면, 그대는 영성생활의 규칙을 결코 실천할 수 없을 것입니다.

79 질서 없는 덕? 그거 참 희한한 덕이군요!

80 질서가 있으면 그대의 시간은 배로 증가할 것이고, 그리하여 하느님을 섬기기 위해 더 많은 일을 함으로써 그분께 더 많은 영광을 드릴 수 있을 것입니다.

기 도

81 기도 없는 활동은 아무 가치가 없습니다. 기도는 희생이 따를 때에 가치가 있습니다.

82 첫 번째는 '기도', 그 다음엔 '보속'. 세 번째, 맨 마지막이 '활동'입니다.

83 기도는 영적 건물의 토대입니다. 기도는 모든 것을 가능케 합니다.

84 "주님, 저희에게 기도하는 법을 가르쳐주십시오! Domine, doce nos

orare!"

그러자 주님께서 대답하셨습니다.

"너희는 기도할 때 이렇게 하여라. '하늘에 계신 우리 아버지…
Pater noster, qui es in coelis…'"

어떻게 *염경기도의 진가를 인정하지 않을 수 있겠습니까!

85 천천히. 그대가 드리는 기도가 무슨 말이며, 누가 말씀드리고 있으
며, 누구에게 말씀드리는지를 곰곰이 생각하십시오. 묵상 없이 빨리
말하는 것은 단지 소음, 깡통이 딸그락거리는 소음에 지나지 않습니
다.

성녀 데레사가 말씀하셨듯이 그것은 입놀림에 불과할 뿐 기도라고
할 수는 없습니다.

86 그대의 기도는 전례적이어야 합니다. 개인적이고 특별한 기도들 대
신에 시편을 암송하는 것과 미사의 기도문들을 그대가 바친다면 더
욱 좋으련만!

87 "사람이 빵으로만 사는 것이 아니라 하느님의 입에서 나오는 모든
말씀으로 살리라." 하고 주님께서 말씀하셨습니다. 빵과 말씀! 성체
와 기도.

---

* **염경기도** : 주님의 기도나 시편, 찬미가 혹은 여러 호칭기도나 묵주기도 등을 암송하는 것

그것 없이는 초자연적 생활을 할 수가 없습니다.

88 대화와 애정으로, 또 두터운 교분으로 이 세상 귀양살이를 한결 수월하게 견딜 수 있게 도와주는 사람들의 우정을 그대는 찾고 있습니다. 때때로 그런 친구들이 배반도 하지만… 나쁠 게 없다고 봅니다. 그러나 그대는 왜, 그대를 결코 실망시키지 않으시는 저 위대한 친구와의 대화를, 두터운 교분을, 매일 더 열절하게 찾지 않는 것입니까?

89 "마리아는 참 좋은 몫을 택했다." 이 말씀을 우리는 복음서에서 읽을 수 있습니다. 거기 나온 그녀는, 주님의 말씀으로 목을 축이고 있습니다. 겉으론 아무것도 안하는 것처럼 보이지만, 그녀는 기도하고 사랑하는 중입니다. 그리고 나서 그녀는 마을과 동네를 두루 다니며 말씀을 전하시는 예수님과 동행합니다.
기도 없이 그분과 동행하는 것은 얼마나 어려운 일인지!

90 기도할 줄 모른다고요? 하느님 앞에 그대 자신을 열어놓고 "주님, 저는 기도할 줄 모릅니다!" 하고 말씀드리자마자 그대는 이미 기도를 시작했음을 알게 될 것입니다.

91 그대는 내게 이렇게 편지했습니다.
"기도한다는 것은 하느님과 이야기하는 것입니다. 그런데 무엇에 대해서죠?"

무엇에 대해서냐고요? 그분과 그대 자신에 대해서, 기쁨, 슬픔, 성공과 실패, 위대한 야망, 일상적인 걱정거리들, 심지어 그대의 나약함에 대해서도! 그리고 감사와 청원, 사랑과 통회.

간단히 말해, 그분을 알고 또 그대 자신을 알기 위해서 즉, '사귀기 위해서!'

92 "그러면 묵상 중에 불길이 치솟을 것이다. Et in meditatione mea exardescit ignis."

바로 이것이 기도하러 가는 이유입니다. 빛과 열을 발산시키는, 맹렬하게 활활 타오르는 불꽃이 되기 위하여.

그러므로 어떻게 계속해야 할지 모를 때나 그대의 불이 사그라들어 향기로운 장작을 던질 수 없다고 느낄 때는 짧은 염경기도와 화살기도라는 나뭇가지와 나뭇잎을 던지십시오. 맹렬한 불꽃을 유지하기 위해서 말입니다. 그러면 그대는 기도시간을 잘 활용한 것입니다.

93 자신이 무척 초라하다는 것을 아는 그대가 하느님께 그대의 기도를 들어달라고 하기엔 비천하다고 여길지도 모르겠습니다. 그렇다면 마리아님의 공덕은 어찌됐단 말입니까? 주님의 상처들은? 그리고… 그대는 하느님의 자녀가 아닙니까?

게다가 "그분은 선하시고, 그분의 자비는 영원하시기 때문에 quoniam bonus… quoniam in saeculum misericordia ejus" 그대의 기도

를 들어주십니다.

94 그분은 아주 작아지셨습니다. 보다시피 갓난아기입니다! 그대가 자신있게 그분께 다가갈 수 있도록 말입니다.

95 "오 주님, 저는 당신께 희망을 걸었습니다. In te, Domine, speravi." 그리고 할 수 있는 모든 조처를 다 취했고 기도를 드렸으며 제 십자가도 졌습니다. 그랬더니 내 희망은 헛되지 않았고, 앞으로도 결코 헛되지 않을 것입니다.
"저를 당황케 하지 마옵소서. Non confundar in aeternum."

96 예수님이 말씀하십니다.
"그러므로 나는 말한다. 구하여라, 받을 것이다. 찾아라, 얻을 것이다. 문을 두드려라, 열릴 것이다."
기도하십시오! 사람이 하는 어떤 일에서 이보다 더 확실하게 성공을 보장받을 수 있겠습니까?

97 그대는 기도할 때 주님께 무슨 말씀을 드려야 할지 모릅니다. 아무 생각도 떠오르지 않지만 많은 것에 대해 그분께 여쭈고 싶어합니다. 그렇다면 하느님 앞에서 고려하고 싶은 것들을 낮에 적어두십시오. 그런 다음 그 쪽지를 가지고 기도하러 가십시오.

98 사제들과 서원을 발한 동정녀들의 기도 다음으로, 하느님께서 기뻐하시는 기도는 어린이와 병자들의 기도입니다.

99 그대가 기도를 드리러 갈 때 이 점을 명심하십시오. 기도드리는 동안 위로를 받는다고 해서 기도시간을 늘리지 말 것이며 또한 무미건조하다고 해서 줄이지 마십시오.

100 기도 중에 위로를 원한다고 예수님께 말씀드리지 마십시오. 그런데도 위로를 주시면 감사하십시오. 언제나 인내를 원한다고 말씀드리십시오.

101 지치지 말고 계속 기도하십시오. 그대의 노력이 열매를 맺지 못하는 듯 보일 때도 인내하십시오. 기도는 언제나 많은 열매를 맺습니다.

102 그대의 이성은 둔하고 제대로 반응하지 못합니다. 하느님의 현존 안에서 생각들을 잘 조화시키려 하지만 허사가 되고 맙니다. 완전한 혼미상태!
억지로 하려고 하거나 걱정하지 마십시오. 잘 들으십시오. 지금은 그대의 마음이 기도를 드릴 시간입니다.

103 기도 중에 그대에게 상처를 주었던 그런 말씀을 잘 새겨두었다가 하루 내내 천천히, 여러 번 되새기십시오.

104 "그분은 밤을 새우시며 기도하셨다. *Pernoctans in oratione Dei*." 성 루가가 전해준 주님의 일면입니다. 그런데 그대는? 몇 번이나 그렇게 끈기있게 기도해보았습니까? 자, 그렇다면….

105 기도와 성체를 통해 그리스도와 사귀지 못하면서 어떻게 그분을 다른 사람들에게 알릴 수 있겠습니까?

106 그대는 나에게 이렇게 편지를 썼고, 나는 그대를 이해합니다. "저는 매일 '자투리 시간'에 기도를 합니다. 그렇게라도 하지 않는다면…!"

107 기도 없는 성화? 나는 그런 성화를 믿을 수 없습니다.

108 나는 다른 작가의 말을 인용하여 그대에게 이렇게 말하겠습니다. 그대의 사도적 삶의 가치는 그대가 하는 기도의 가치에 달려있습니다.

109 그대가 기도하지 않는 사람이라면, 그대가 그리스도를 위해 일한다고 말해도 나는 그대의 지향이 올바르다고 믿을 수 없습니다.

110 그대는 자신이 엉뚱한 시간에 종을 치는 고장난 시계 같다고 내게 말한 적이 있습니다. 기도시간에 그대는 차갑고 메마릅니다. 이와는 달리 전혀 그럴 것 같지 않은데 거리에서, 일상 업무를 보는 도중에,

소음 한가운데서, 도시의 소란함이나 고요 속에서, 정신을 집중시켜 전문적인 일을 처리하고 있을 때, 그대는 기도하고 있는 자신을 발견합니다… 엉뚱한 시간에? 괜찮습니다. 하지만 그런 그대의 시계 종소리를 그저 흘려보내지 마십시오. 성령께서는 불고 싶으신 쪽으로 부십니다.

111 그대의 성급한 기도가 나를 웃깁니다. 그대는 그분께 이렇게 말씀드렸지요.

"저는 늙고 싶지 않습니다. 예수님… 당신을 뵙기 위해 그토록 오랫동안 기다려야 한다니요! 늙을 때, 그때 가서는 아마, 지금처럼 제 마음이 불타고 있지 않을 것 같습니다. '그때'는 너무 먼 것 같습니다. 지금 제가 당신을 청춘의 사랑으로 사랑하기 때문에 당신과의 일치가 더 생생합니다."

112 그대가 '야망에 찬 속죄'의 삶 '온 세상을 위한 것'이라고 그대는 내게 말했습니다을 사는 것이 마음에 듭니다. 좋습니다. 그러나 먼저 그대의 영적인 가족들을 위해서, 그대의 친척들을 위해서, 그대의 동포들을 위해서 하십시오.

113 그대가 그분께 말씀드리고 있었습니다.

"예수님, 저를 믿지 마십시오. 그러나 저는… 저는 진정 당신을 믿습니다. 제 자신을, 제 모든 것을, 제 나약함들을 당신의 품에 맡깁니다."

참 좋은 기도라고 생각합니다.

114   그리스도인의 기도는 결코 독백이 아닙니다.

115   몇 분의 묵념. '묵념'은 마음이 메마른 사람들이 하도록 놔두십시오. 우리 가톨릭 신자들, 하느님의 자녀들은 하늘에 계신 우리 아버지와 이야기합니다.

116   영적 독서를 게을리 하지 마십시오. 독서가 많은 성인을 만들었습니다.

117   그대가 내게 편지했습니다.

"독서를 함으로써 저는 연료창고를 짓습니다. 생명이 없는 장작더미처럼 보이지만 무심결에 기도를 '생명으로' 가득 채워주고, 영성체 후 감사기도를 불타오르게 해주는 연료를 내 기억력이 그 창고에서 꺼냅니다."

거룩한 정결

118 거룩한 정결은 겸손하게 그것을 간청할 때 하느님께서 허락하십니다.

119 거룩한 정결은 얼마나 아름답습니까! 그러나 우리가 그것을 사랑과 분리시킨다면, 그것은 거룩하지도 않고 하느님을 기쁘시게 해드릴 수도 없습니다.

사랑은 물을 흠뻑 줘야 자라서 달콤한 정결이란 열매를 맺는 씨앗입니다.

사랑이 없는 정결은 열매 맺지 못하고, 그 헛된 정결의 물은 영혼을 교만의 악취가 나는 늪으로 만들어버립니다.

120   "정결이라고요?" 하고 그들은 묻습니다. 그리고는 웃습니다. 그들은 수척해진 육체와 환멸스러운 영혼을 가지고 결혼하려는 사람들입니다.

나는 하느님의 뜻이라면 <독신생활, 결혼생활과 정결>이라는 제목을 붙인 책을 한 권 쓰겠다고 여러분에게 약속합니다.

121   인간은 그저 야수에 지나지 않는다고 생각하는 사람들의 야만적 행위를 저지하고 없애려면 남성다운 정결운동이 필요합니다.

십자군투쟁 같은 그 운동은 여러분의 일입니다.

122   이 세상 한복판에서 천사처럼 사는 사람이 많습니다. 그대는… 그대는 왜 그렇게 살지 못합니까?

123   그대가 깨끗한 삶을 살겠다고 단단히 마음먹을 때, 그대에게 순결은 짐이 아니라 승리의 왕관이 될 것입니다.

124   의사 사도인 그대가 내게 이렇게 편지했습니다.

"조심스럽게 살아가고, 자주 성사를 보고, 정욕의 불길이 타오르기 전에 그 불씨를 꺼버린다면 순결을 지킬 수 있다는 사실을 우리 모두는 경험을 통해 알고 있습니다. 모든 점에서 정직한 사람은 바로 이런 정결한 사람들 중에서 찾을 수 있습니다. 불결한 사람들 가운데는 겁쟁이, 이기주의자, 거짓말쟁이와 잔인한 사람이 많습니다. 남성다움 강인함이 부족한 이들의 특징입니다."

125 그대는 내게 말했습니다.
"청년 사도 성 요한께서 제게 당신의 비밀을 털어놓고 조언을 해주신다면 좋을 텐데요. 또 제가 마음의 정결을 얻도록 용기를 북돋워주신다면 좋겠습니다."
그대가 진정 원한다면, 그렇게 말씀드리십시오. 그대는 용기를 느끼고, 조언도 얻을 것입니다.

126 탐식은 불결의 전조前兆입니다.

127 육욕과 대화하려고 하지 마십시오. 그것을 경멸하십시오.

128 정숙함과 단정함은 정결의 '작은 형제들' 입니다.

129 거룩한 정결 없이는 그대가 사도직에서 버틸 수 없습니다.

130 오 예수님, 제 마음을 덮고 있는 관능적인 타락의 그 불결한 딱지를 떼주십시오. 제 영혼 안에 계시는 성령의 감도를 느끼고 즉시 따를 수 있도록 말입니다.

131 정결치 않은 일이나 사건들을 결코 입에 담지 마십시오. 통탄하는 말이라 해도 말입니다. 보십시오. 그것은 생선보다 더 끈적거리는 주제입니다. 대화내용을 바꾸십시오. 여의치않거든, 영혼의 가치를 알고 있는 사람들의 덕인 거룩한 정결의 필요성이나 아름다움에 대해서 대화를 계속하십시오.

132 '용감한 척하는' 그런 겁쟁이가 되지 마십시오. 달아나십시오!

133 성인들은 현대적인 의사가 조사해야 할 비정상적인 케이스가 아니었습니다.
그분들은 정상이었습니다. 그분들은 정상입니다. 그대와 같은 육신을 지녔습니다. 그러나 그분들은 승리하셨습니다.

134 "설사 육신을 비단으로 감는다 해도…" 예술, 과학, 혹은 사랑이라는 미명 아래 불결함을 숨기고 싶은 유혹으로 그대가 흔들릴 때 내가 들려주고 싶은 옛 스페인 속담입니다.
"설사 육신을 비단으로 감는다 해도, 그것은 여전히 육신일 뿐이다."

135 그대가 그대의 값을 알기나 한다면!… 성 바울로께서 그대에게 해주신 말씀입니다. "아주 비싼값 pretio magno 을 치르고 그대를 사셨습니다."
그분은 또 말씀하십니다. "그러므로 그대의 몸으로 하느님께 영광을 드리고 또 그대의 몸에 그분을 모시십시오. Glorificate et portate Deum in corpore vestro."

136   육체적 욕구를 채우기 위해 짝을 찾은 다음에 오는 고독이란!

137   그대에게 쓰디쓴 찌꺼기를 남겨놓는 한순간의 쾌락을 얻기 위해, 그대가 '단 하나인 길'을 잃었다는 것을 생각하니!

138   "나는 과연 비참한 인간입니다! 누가 이 죽음의 육체에서 나를 구해 주렵니까? Infelix ego homo!, quis me liberabit de corpore mortis huius?"
성 바울로는 이렇게 외쳤습니다. 용기를 내십시오! 그분도 고투했습니다.

139   유혹을 받을 때 하늘에서 그대를 기다리고 계시는 하느님의 사랑을 생각하십시오. 희망의 덕望德을 품으십시오. 이것은 적극성이 모자라는 것은 아닙니다.

140   무슨 일이 일어난다 해도, 그대가 동의하지 않는 한 걱정할 것은 없습니다. 왜냐하면 그런 타락은 오직 의지가 마음의 문을 열어줄 때만 들어오는 것입니다.

141 그대는 그대 영혼 안에서 이런 목소리를 듣고 있는 것 같습니다. "그런 종교적인 편견쯤이야…!"

그러고 나서 죄에 떨어진 처량한 육신의 모든 나약함을 멋지게 변호합니다. "육신에도 권리가 있다!"

이런 일이 그대에게 일어날 때, 자연법이 있고, 하느님의 법이 있으며, 하느님이 계시고… 지옥도 있다는 사실을 적에게 말해주십시오.

142 "주님, 하고자만 하시면, 저를 깨끗하게 하실 수 있습니다. Domine! Si vis, potes me mundare."

하느님과 나와 그대가 알고 있는 일이 일어날 때, 그 불쌍한 문둥병자와 같은 믿음을 가지고, 그대가 종종 말씀드릴 수 있는 참 아름다운 기도입니다.

주님의 대답을 들으려고 오래 기다리지 않아도 됩니다.

"그렇게 해 주마. 깨끗하게 되어라! Volo, mundare!"

143 자신의 정결을 지키기 위해서 아씨시의 성 프란치스코는 눈 속에서 뒹굴었고, 성 베네딕도는 가시덤불에 몸을 던졌으며, 성 베르나르도는 얼음 연못에 뛰어들었습니다.

그대는… 뭘 했습니까?

144 사도 요한은 평생 정결에 흠이 없었기 때문에 주님의 십자가 아래서 용감할 수 있었습니다. 다른 사도들이 골고타에서 모두 도망쳐버렸

을 때 그는 그리스도의 어머니와 함께 거기 남아 있었습니다.

정결이 그대의 성격을 강하고 활기차게 해준다는 사실을 잊지 마십시오.

145 마드리드의 전선. 고상하고 명랑한 분위기를 이룬 20명 남짓한 장교들, 노래 한 곡이 들립니다. 그 다음에 다른 곡, 또 다른 곡….

갈색 수염을 기른 그 젊은 중위는 첫 곡만 들었습니다.

> *조각난 마음이*
> *나는 싫으니*
> *내가 마음을 준다면*
> *고스란히 다 주리*

'마음을 전부 주려고 했는데 이 무슨 저항이람!'

그리고는 마음 속에서 기도가 새어나와 조용하고 넓은 시냇물을 따라 흘러갔습니다.

마 음

146   그대는 마치 팔려고 내놓은 물건처럼, 그대의 마음을 들고 다니는 듯한 인상을 줍니다. 누가 그것을 원하겠습니까? 누군가에게 호소해봐야 소용없다는 것을 알고 나서야 비로소 그대는 그것을 하느님께 드리겠다고 결심할 것입니다.

성인들도 그랬다고 생각하십니까?

147   그대를 위한 피조물들? 하느님을 위한 피조물들입니다. 그대를 위한 것이라고 해도, 그분을 위한 그대의 것이 되게 하십시오.

148 영원한 생명으로 솟아올라가는 샘물로 갈증을 풀 수 있다면 왜 세속적인 위로의 흙탕물 웅덩이에서 물을 마시려고 몸을 구부리는 것입니까?

149 맨몸이 될 때까지 피조물들에서 초연하십시오. 성 그레고리오 교황의 말씀처럼, 악마는 이 세상에 자기 것이 하나도 없기 때문에 맨몸으로 싸움터에 나오는 것입니다. 그대가 놈과 싸울 때 '옷'을 차려입고 있다면, 그대는 곧 땅에 고꾸라지고 말 것입니다. 왜냐하면 놈이 붙잡을 만한 것이 있기 때문입니다.

150 그대의 천사가 그대에게 이렇게 말하는 것 같습니다. "넌 인간적인 애착으로 가득 차있다!" … 그대의 수호천사더러 지켜달라고 청하는 것이 겨우 그겁니까?

151 초연함. 그것은 얼마나 어려운 것인지 모릅니다! 내 육신이 오직 세 개의 못으로 고정돼 십자가 외에 다른 감촉은 못 느낀다면 좋으련만!

152 완전한 초연을 요구하는 그 비범한 은총에 응답할 때 더 많은 평화와 더 많은 일치가 그대를 기다린다는 사실을 알아채지 못합니까? 그분을 기쁘게 해드리기 위해서 싸우되, 그대의 희망을 굳세게 하십시오.

153 가서, 거리낌 없이, 어린애처럼 그분께 말씀드리십시오.
"제게 '그것'을 요구하시는 대신 무엇을 주시겠습니까?"

154 그대는 자신이 모든 사람을 멀리하고 또 냉정하게 대하지 않을까 걱정합니다. 그대는 그렇게도 열심히 초연하고자 합니다!
그런 두려움을 없애십시오. 그대가 그리스도께 속해있다면, 완전히 그리스도께 속해있다면, 그대는 모든 이들을 위한 불과 빛과 온기를 가질 것입니다. 이것들도 그리스도의 것이지만.

155 예수님은 '나누는 것'으로 만족하지 못하십니다. 그분은 전부를 원하십니다.

156 그대는 하느님의 뜻에는 순종하지 않으면서… 대신에 하찮은 피조물의 비위는 잘 맞추고 있습니다.

157 분명 어딘가 잘못된 것이 틀림없습니다. 하느님께서 당신 자신을 그대에게 주셨는데, 그대는 왜 세상사에 얽매여있는 것입니까?

158 이제 그대가 눈물을 흘리는군요! 아프지요? 당연합니다! 그렇게 되라고 정통으로 얻어맞은 것입니다.

159 그대는 마음이 약해져서 이 땅에서 자신을 지탱해줄 만한 것을 찾고

있습니다. 좋습니다. 그러나 쓰러지지 않으려고 붙잡고 있는 것이 그대를 나락으로 끌어내리거나 그대를 속박하는 사슬이 되지 않게 조심하십시오.

160 말해보시오, 말해봐요. 이것은 우정입니까, 아니면 사슬입니까?

161 그대는 애정을 퍼붓습니다. 이웃에 대한 사랑은 언제나 좋습니다. 그러나 잘 들으십시오, 사도적인 영혼이여. 주님께서 그대 마음 안에 넣어주신 그런 느낌은 그리스도로부터 온 것이고 오직 그리스도를 위한 것이라야 합니다.

게다가, 그대가 마음의 자물쇠인 *일곱 개의 자물쇠 중 하나라도 열어두었을 때, 그대의 영혼에 미심쩍은 안개가 피어오른 때가 한두 번이 아니었음이 사실 아닙니까? 그래서 그대의 뜻은 순수했어도, 괴로운 마음으로 '내가 애정표현을 너무 심하게 한 것은 아닐까?' 하고 자문했던 것입니다.

162 온정을 제쳐놓으십시오. 의무가 먼저입니다. 그러나 의무를 수행할 때는 거기에 온정을 넣으십시오. 그래야 부드럽습니다.

163 "오른 눈이 죄를 짓게 하거든… 그 눈을 빼 멀리 던져버려라!"

---

*일곱 개의 자물쇠 : 인간 내면에 있는 일곱 가지 죄원(罪源)인 교만, 인색, 탐색, 분노, 탐식, 질투, 나태의 칠죄종(七罪宗)을 막을 수 있는 마음 자세

가엾은 마음…. 그것이 그대를 죄짓게 합니다!

그것을 잡고 손으로 꽉 짜버리십시오. 어떤 위로도 주지 마십시오. 그리고 위로를 청하면, 고귀한 동정심에 가득차 천천히, 마치 속삭이듯이, 이렇게 말하십시오. "마음을… 마음을 십자가에! 마음을 십자가에!"

164 마음이 어떠십니까?…. 걱정마십시오. 그대와 나처럼 지극히 평범한 사람이었던 성인들도 그런 '자연적인' 성향은 우리와 다르지 않았습니다. 만약 성인이라고 하여 그런 성향이 전혀 없었다면, 세상사에 마음을 빼앗기지 않고 하느님을 위해 마음 몸과 영혼을 지킨 그분들의 '초자연적인' 모습은 공로가 되지 않았을 것입니다.

일단 길을 발견한 후, 하느님 사랑에 완전히 빠져있고 결심으로 가득 찬 영혼에게는 마음의 나약함이 장애물이 될 수 없다고 확신합니다.

165 그대가, 세속적인 사랑을 위해서 그렇게 엄청난 타락을 감수했던 그대가 주님을 위해 그 정도 모욕을 참지 못한다면, 과연 그리스도를 사랑한다는 것을 믿을 수 있겠습니까?

166 그대는 내게 이렇게 편지했습니다. "신부님, 저는… 마음속 '치통'을 앓고 있습니다." 나는 그것을 농담이라고 생각치 않습니다. 몇 개를 '발치' 해줄 훌륭한 치과의사가 그대에게 필요하다는 것을 알기

때문입니다.

만일 그대가 허락만 한다면!….

167 "아, 내가 그것을 시초부터 끊어버렸다면 좋았으련만!" 그대는 내게 그렇게 말했습니다. 때늦은 후회의 그런 외침을 다시 되풀이하지 않기를 빕니다.

168 "주님께서 그대에게 '셈'을 하실 거라는 말을 나는 재미있게 들었습니다. 아닙니다. 여러분에게는 그분이, 그 단어의 엄격한 뜻을 간직한 그런 심판관이 아니라 단지 예수님이 되실 것입니다."

어느 거룩한 주교님이 쓰신 이 말씀이 누군가의 불안한 마음을 한두 번 위로한 것이 아니었으니, 그대의 마음도 잘 위로해줄 것입니다.

169 고통이 그대를 옴짝달싹 못하게 하는 것은 그대가 그것을 겁쟁이처럼 받아들이기 때문입니다. 그리스도인의 정신을 가지고 용감하게 그것과 대면하십시오. 그러면 그것을 보물처럼 소중히 여기게 될 것입니다.

170 길이 얼마나 분명한지! 장애물들이 얼마나 뻔하게 들여다보이는지! 그 장애물들을 극복할 수 있는 좋은 무기가 얼마나 많은지! 그런데도 그대는 몇 번이나 길을 잃었고, 몇 번이나 비틀거렸는지! 그게 사실 아닙니까?

그대와 내가 알고 있지만 그대가 끊어버리려고 하지 않는 그 '가느다란 실 단련된 쇠사슬'이 그대를 길에서 벗어나게 하고 비틀거리게 하고 쓰러지게까지 합니다.

그것을 끊고 전진하지 않고 무엇을 기다리는 겁니까?

171   하느님의 사랑은… 진정 가치가 있는 사랑입니다.

금 욕

172 욕망을 억제하지 않는 한 그대는 결코 기도하는 영혼이 될 수 없습니다.

173 농담을 삼가는 그 정중한 말. 그대를 괴롭히는 사람들에게 명랑하게 미소짓는 것, 부당한 비난을 받을 때 침묵하는 것, 재치 없고 거북한 사람들과도 친절하게 대화하는 것, 함께 사는 사람들이 불쾌하게 하거나 무례하게 구는 것을 매일 봐주는 것…. 이 모든 것을 끈기있게 참아내는 것이야말로 단단한 내적 금욕입니다.

174 "저 사람이 나를 괴롭힌다."고 말하지 말고, '저 사람이 나를 성화시킨다.' 고 생각하십시오.

175 희생 없이는 어떤 이상도 현실이 될 수 없습니다. 자제하십시오. 희생자가 되는 것은 자못 아름답습니다!

176 하느님을 섬기겠다고 수없이 결심했는데….
그런 쉬운 결심들을 지키지 못했다는 실망감을 그분께 드리는 것으로 만족해야 했습니다! 그대는 그렇게도 비참합니다.

177 자신의 판단을 기꺼이 양보하는 기회를 놓치지 마십시오. 어렵지요…. 하지만 그것이 하느님 보시기에 얼마나 기쁜 일인지 모릅니다!

178 외롭고, 주목도 끌지 못하고, 가치도 없고… 몸이 달리지 않은 초라한 나무십자가를 볼 때마다, 그 십자가가 곧 그대의 십자가라는 점을 잊지 마십시오. 매일 같이 짊어져야 하고 쉽게 눈에 띄지도 않고 광휘도 위안도 없지만, 못박힐 몸을 기다리는 그 십자가의 주인공은, 바로 그대여야 합니다.

179 남들을 괴롭히지 않는 금욕거리를 선택하십시오.

180 금욕이 없는 곳에는 덕이 있을 수 없습니다.

181 내적 금욕. 그대가 감각의 금욕을 멸시하고 그것을 실천하지 않는다면, 나는 그대의 내적 금욕을 믿을 수 없습니다.

182 이 비참한 현세에서 고통의 잔을 마지막 한 방울까지 마십시다. 나중에 하늘에서 영원히, 영원히… 영원히 기쁨을 누리게 된다면, 10년, 20년, 50년을 고통받는다 한들 어떠랴?
무엇보다도 '적절한 보상 propter retributionem'을 바라기보다는 보속의 정신으로 십자가에 달리신 그분과 일치하여, 우리 주 하느님을 위로하고 기쁘시게 해드리기 위해, 한마디로 하느님의 사랑을 위해 고통을 받는다면 어떠랴.

183 눈! 눈을 통해 많은 사악함이 영혼으로 들어옵니다. 다윗왕의 경우와 같은 그런 경험이 얼마나 많습니까!
그대가 눈을 지킨다면 그대는 마음도 잘 지킬 수 있을 것입니다.

184 그대 안에 '그대의 세계'를 갖고 다닌다면서 주위는 왜 두리번거립니까?

185 세상 사람들은 드러나지 않는 조용한 희생의 가치를 깨닫지 못하기 때문에 굉장한 희생에만 경탄하는 겁니다.

186 우리는 자신 전부를 바쳐야 하고, 완전히 금욕해야 합니다. 우리의 희생은 반드시 전번제全燔祭가 돼야 합니다.

187 역설. 살기 위해서 죽어야 합니다.

188 마음이 배신자임을 기억하십시오. 그러니 그 마음을 *일곱 자물쇠로 잠가두십시오.

189 그대를 하느님께로 인도하지 않는 모든 것이 다 장애물입니다. 그것을 뿌리째 뽑아 멀리 던져버리십시오.

190 도량이 좁고 성질이 급한 상사 밑에서 일하는 어느 영혼이 성령의 감동을 받아 이렇게 말했습니다.
"감사합니다, 하느님. 참으로 성스러운 이 보물을 주셨으니 말입니다. 친절한 행동 하나하나를 당나귀처럼 뒷발로 걷어차는 사람을 또 어디서 만날 수 있겠습니까?"

191 단 1분도 게으름을 피우지 말고, 정해진 시간에 즉시 기상함으로써, 매일 그 첫 순간부터 자신을 정복하십시오.
만약 하느님의 도우심으로 그 순간에 자신을 정복한다면, 그대는 낮

---

* 161 참조

에 할 나머지 일들을 그만큼 앞당겨놓은 셈입니다.

처음의 작은 전투에서 패배하는 것처럼 사기가 죽는 일도 없습니다!

192 그대는 항상 패배합니다.

어느 영혼의 구원을 위해, 그의 성화를 위해, 그의 사도직을 위해 일하겠다고 매순간 결심하십시오.

그렇게 한다면, 그대는 승리할 것입니다.

193 '게으름과 나약함'에 빠지지 마십시오. 그대가 자신을 가엾게 여기는 그런 유별난 연민을 제거해야 할 때입니다.

194 지상에서 인간의 보물이 무엇인지 말해주겠으니 그것들을 업신여기지 마십시오. 굶주림, 목마름, 더위, 추위, 고통, 불명예, 가난, 고독, 배신, 중상모략, 감옥….

195 "영혼과 육체는 분리될 수 없는 적이며, 또 서로 어울릴 수 없는 친구다."라던 누군가의 말은 과연 옳습니다.

196 육체에게는 그것이 필요로 하는 것보다 조금 덜 줘야합니다. 그렇게 하지 않으면 배신하니까요.

197 과거에 그들이 그대의 나약함과 결점들을 목격했었다면 그들이 그대의 보속행위를 본다는 것이 무슨 상관이겠습니까?

198 금욕하는 영혼들의 달콤한 열매는 바로 이것입니다. 다른 사람들의 결점에 대해서는 관용과 이해를, 반면에 자신의 결점에 대해서는 엄격함을.

199 밀알이 죽지 않으면 열매를 맺지 못한 채 그대로 남아있습니다. 그대는 한 개의 밀알이 되는 것을, 금욕을 통해 죽는 것을, 그리고 풍성한 이삭을 맺는 것을 원치 않습니까? 예수께서 그대의 밀밭을 축복해주시길!

200 그대가 자신을 극복하지 못하고 금욕하지 못하는 것은 그대가 교만하기 때문입니다. 그대가 속죄의 삶을 산다구요? 교만은 속죄와 병존할 수 있다는 것을 잊지 마십시오. 이유를 더 대보겠습니다. 주님께 아낌없이 하지 못하여 죄에 떨어진 후에 느끼는 그대의 괴로움은 진정한 고통입니까, 아니면 자신이 너무 초라하고 나약하다는 것에 화가 나서 발버둥치는 것입니까?
그대가 겸손하지 못하다면… 자신을 매질하며 매일 새로운 장미꽃을 피워낸다 해도 그대는 예수님으로부터 아주 멀리 떨어져 있는 것입니다!

201 쓸개와 초맛, 혹은 재와 쓴맛이라니! 입이 마르고, 설태가 끼고, 갈라지는 것이라니! 그러나 그런 육체적인 느낌은 영혼의 쓴맛에 비하면 아무것도 아닙니다.

"그대에게 더 많은 것이 요구되고 있는데도" 그대가 자신을 내놓을 줄 모르기 때문입니다. 겸손해지십시오! 그대가 최선을 다하는데도 육신과 정신에 그런 쓴맛이 남아있겠습니까?

202 자신의 나약함과 옹졸함 때문에 스스로에게 벌을 주겠다고요? 좋습니다. 그런데 그대의 적인 동시에 형제에게 가하는 것과 같은 공정한 보속이라야 합니다.

203 가련한 우리 인간들의 행복은 그것이 아무리 초자연적인 동기를 지녔다 해도, 항상 씁쓸한 뒷맛을 남깁니다. 그대는 무엇을 기대했습니까? 이 세상에서는, 고통이 곧 인생의 소금입니다.

204 수천 명의 군중이 감탄하며 바라보는 가운데 자신을 십자가에 못박으라고 내어줄 듯한 사람들이 매일매일의 바늘상처를 그리스도인의 정신으로 참아내지 못하고 있습니다! 그렇다면 생각해보십시오. 어느 쪽이 더 영웅적입니까?

205 그대와 나는, 하느님께 속한 그 사람의 평범한, 그러나 영웅적인 생애에 대해 읽고 있었습니다. 우리는 그가 아침식사 때마다 수개월,

수년 동안 투쟁해온 것을 보게 되었습니다.

특별 양심성찰 때 그는 어느 날은 이겼으며, 그 다음날은 졌다고 스스로 평가해서 기록해두었습니다.

그는 이렇게 적었습니다. "나는 버터를 바르지 않았다…. 나는 버터를 발랐다!"

그대와 나도, 우리 버터의 '비극' 으로 생활하기를.

206 영웅적인 순간. 기상시간입니다. 정확하게! 망설이지 말고 초자연적인 생각을 하며… 벌떡 일어나십시오! 영웅적인 그 1분. 여기에 그대의 의지를 굳세게 해주고 또 육체를 약화시키지 않는 극기의 행위가 있습니다.

207 특별한 호의에 감사하는 것처럼, 그대가 자신에 대해 느끼는 그 거룩한 경멸에 감사하십시오.

보속

208   고통은 복되도다. 고통은 사랑받으라. 고통은 성화돼라… 고통은 영광받으라!

209   사도께서 고통이라는 '과목'을 배울 수 있도록 완전한 프로그램을 하나 주십니다. "희망을 가지고 기뻐하며 spe gaudentes" "환란 속에서 참으며 in tribulatione patientes" "꾸준히 기도하십시오. orationi instantes."

210   속죄. 이것이 영원한 생명으로 인도하는 길입니다.

211 그대의 겸손이 파놓은 깊은 구덩이 속에 그대의 태만함과 무례함과 죄를 보속으로 묻으십시오. 농부도 이런 식으로 썩은 과일과 죽은 나뭇가지와 낙엽들을 그 나무 밑에 묻습니다. 그러면 열매를 못 맺는 것은 물론 해롭던 것까지도 새로운 열매를 맺을 수 있게 잘 도와줍니다.

죄에서 새로운 활기를, 죽음에서 생명을 끌어내는 방법을 배우십시오.

212 그대가 바라보고 있는 그 그리스도는 예수님이 아닙니다. 그것은 기껏해야 그대의 흐린 눈이 그려낸 초라한 영상일 뿐입니다…. 자신을 정화하십시오. 겸손과 참회를 통해서 그대의 눈을 밝게 하십시오. 그러면 순수한 사랑의 불빛이 모자라지 않을 것이고 그대는 완전한 시각을 갖게 될 것입니다. 그대의 영상은 정말로 그분이 될 것입니다. 거룩하신 그분!

213 예수께서는 성부의 뜻을 이루시려고 고통받으십니다. 마찬가지로 주님의 발자취를 따라 성부의 가장 거룩하신 원의를 채워드리려는 그대가, 고통이라는 길동무를 만났다고 불평할 수 있겠습니까?

214 육체에게 이렇게 말하십시오.
"내가 너의 노예가 되느니 차라리 너를 나의 노예로 삼겠다."

215 사람들은 보속을 얼마나 두려워하는지! 세상 사람들에게 잘 보이기 위해 하는 일들을, 지향을 바로잡아 하느님을 위해서 행한다면, 적지 않은 남녀들이 굉장한 성인이 되련만!

216 그대는 울고 있습니까? 부끄러워하지 마십시오. 우십시오! 그래요. 남자들도 혼자거나 하느님 앞에 있을 때 그대처럼 우니까요. 다윗왕도 "밤에 눈물로 나의 침대를 흠뻑 적셨노라."고 고백했습니다. 뜨겁고 남성다운 그런 눈물들로, 그대는 과거를 정화할 수 있고 현재의 삶을 초자연화할 수 있는 것입니다.

217 나는 그대가 지상에서 행복하기를 원합니다. 그러나 고통의 두려움을 없애지 않으면 결코 행복해질 수 없습니다. 우리가 '나그네'인 동안에는, 고통 속에 바로 행복이 들어있습니다.

218 영원한 생명을 위해 현세의 생명을 잃어버리는 것은 얼마나 아름다운가!

219 만약 그대가 육체적인 또는 정신적인 고통이 정화요, 또 마땅한 벌이라는 사실을 깨달았다면, 그것들을 축복하십시오.

220 "형제님, 몸 건강하시길." 어떤 거지들이 구걸할 때나 동냥을 받고 나서 이렇게 육체적인 평안을 빌어주면 뒷맛이 떨떠름하지 않습니

까?

221 만일 우리 스스로 아낌없이 속죄를 한다면, 예수께서 보내는 시련들을 사랑할 수 있도록 그분께서 우리를 은총으로 가득 채워주실 것입니다.

222 다른 능력들이 기도 중 주지 않는 것을 그대의 의지로 보속함으로써 감각으로부터 구하십시오.

223 지속적인 금욕이 따르지 않는 보속은 얼마나 가치가 없는가!

224 그대가 보속을 두려워한다고요? 그대가 영생을 얻도록 도와주는 보속을. 반면에 보잘것없는 현세의 생명을 보존하기 위해 수술을 받는 사람들이 수천 번의 격심한 고통에 자신을 내맡기는 것을 보지 못했습니까?

225 그대에게 가장 큰 적은 바로 그대 자신입니다.

226 사랑으로 육체를 다루십시오. 그러나 적이나 배신자에게 보여주는 것보다 더 많은 사랑을 주면 안됩니다.

227 육체가 그대의 적이며, 또 성화의 적이므로 하느님 영광의 적이라는

사실을 깨달았다면서 왜 그처럼 관대하게 대하는 것입니까?

228 "좋은 시간을 보내십시오." 그들은 여느 때처럼 그렇게 말했습니다. 그러자 하느님과 아주 가까이 있는 한 영혼이 이렇게 대꾸했습니다. "그것은 얼마나 제한된 소망인가!"

229 당신과 함께라면 예수님, 고통은 얼마나 즐겁고, 어둠은 또 얼마나 밝은지요!

230 그대는 고통을 받고 있습니다! 들어보십시오. '그분'의 성심이 우리 것보다 작지 않습니다.
고통? 좋은 것입니다.

231 엄격한 단식은 하느님을 매우 기쁘시게 해드리는 보속입니다. 그러나 이런 저런 이유로 우리 모두가 태만해졌습니다. 그대가 지도자의 동의 하에 자주 단식하는 것에는 아무런 이의가 없습니다. 오히려 그 반대입니다!

232 보속을 하는 이유 말입니까? 그대를 위한, 나를 위한, 나머지 모두를 위한, 그대 가족을 위한, 그대 조국을 위한, 교회를 위한… 속죄, 보상, 청원, 감사, 영적 진보를 위한 수단입니다. 그밖에 수천 가지의 동기를 위해.

233 그대의 영적 지도자가 허락한 그 이상의 보속은 하지 마십시오.

234 영적 질서에 있어서 고통을 합당한 곳에 둠 속죄으로써 우리는 그것을 얼마나 고귀한 것으로 만드는지 모릅니다!

양심성찰

235 양심성찰. 나날의 일과. 사업하는 사람이 결코 소홀히 하지 않는 장부 정리.
그렇다면 영생의 사업보다 더 가치있는 사업이 또 있을까요?

236 양심성찰 시간에는 벙어리마귀를 조심해야 합니다.

237 자신을 성찰하십시오. 천천히, 용기를 갖고. 그대가 이유없이, 이렇다 할 아무런 이유도 없이 기분이 우울해지고 짜증이 나는 것은 그대의 정욕이 교활하고도 매혹적으로 쳐놓은, 미묘하지만 실재하는

올가미를 끊어버리려는 결심이 부족하기 때문이 아닐까요?

238 일반 양심성찰은 방어와 같습니다. 특별 양심성찰은 공격입니다. 전자는 갑옷이고, 후자는 날카로운 칼입니다.

239 과거를 돌아보는 것. 그리고… 한탄한다고요? 아닙니다. 그것은 아무 쓸모가 없습니다. 배우기 위해서입니다. 이것이 바로 열매를 맺게 합니다.

240 빛을 청하십시오. 거듭거듭 청하십시오…. 뿌리가 드러나 특별 양심성찰이라는 무기로 그것을 잘라낼 때까지.

241 특별 양심성찰을 통해 뚜렷한 덕을 얻거나 그대를 사로잡고 있는 결점을 뿌리뽑아야 합니다.

242 "그리스도인으로서, 저는 하느님께 얼마나 많은 빛을 지고 있는지! 그 빚을 지고 있으면서도 그분께 불충했으니 흐느끼지 않을 수 없습니다. 사랑의 아픔으로. '제 탓이오! Mea culpa!'"
그대가 그대의 빚을 인식하니 좋습니다. 그러나 그 빚을 어떻게 갚아야 하는가를 잊지 마십시오. 눈물로… 그리고 행실로.

243 "작은 일에 충실한 사람은 큰일에도 충실하다. Qui fidelis est in

minimo et in majori fidelis est." 루가 성인이 전한 이 말씀은 그대가 자주 길에서 벗어나는 원인을 잘 지적하고 있습니다. 양심을 성찰해보십시오.

244 깨어나십시오! 성령께서 그대에게 하시는 말씀을 들으십시오. "원수가 나를 모욕한다면 이상할 것이 없고 견디기 쉬울 것을…. Si inimicus meus maledixisset mihi, sustinuissem utique. 그러나 나의 친구, 나의 사도, 나와 함께 식탁에 앉아 맛있는 음식을 즐기던 네가 아니냐. Tu vero homo unanimis, dux meus, et notus meus, qui simul mecum dulces capiebas cibos."

245 피정 때의 양심성찰은 매일 밤 규칙적으로 하는 양심성찰보다 훨씬 깊고 넓어야 합니다. 그렇지 않으면 자신을 교정할 수 있는 아주 좋은 기회를 놓치고 말 것입니다.

246 양심성찰은 언제나 애덕의 행위, 사랑의 아픔으로 끝내십시오. 자신을 위해서, 인간의 모든 죄를 위해서. 그리고 그대가 걸려 넘어지지 않도록 장애물을 치워주신 하느님의 아버지다운 배려를 묵상하십시오.

결 심

247 구체적으로 결심하십시오. 그대의 결심이 '불꽃놀이 막대'처럼 잠시 찬란하게 빛났다가 이내 쓸모없고 초라한, 검은 잿덩이가 되지 않게 하십시오.

248 그대는 아주 젊습니다! 내 눈엔 그대가 항해를 막 시작하려는 배 같아 보입니다. 만일 그대가 지금 작은 항로이탈을 바로 잡지 않는다면, 결국 항구에 도착하지 못할 것입니다.

249 몇 가지 결심을 하십시오. 구체적인 결심을 하십시오. 그리고 하느

님의 도우심으로 그것들을 실천하십시오.

250 "예, 저는 성인이 되고 싶습니다."라고 그대는 말했습니다. 나는 그처럼 크고 막연한 주장을 대개 엉뚱하다고 생각하지만, 그대의 말은 진지하게 들었습니다.

251 "내일!" 이 말은 때로는 신중함을 의미하나 대개는 패배자들의 말입니다.

252 확고하고 단호하게 결심하십시오. 존경과 칭찬을 받을 때 수치와 당혹감을 안겨준 일들을 떠올릴 것.
이 수치와 당혹감이 그대의 것입니다. 칭찬과 영광은 하느님의 것입니다.

253 이미 지나가버린 '어제'를 돌아보지 말고, 그리고 어쩌면 오지 않을지도 모르는 '내일'을 염려하지 말고, '지금' 잘하십시오.

254 바로 지금! 고귀한 삶으로 돌아가십시오. 속지 마십시오. '지금'은 너무 이른 때도, 너무 늦은 때도 아닙니다.

255 내가 '그대의 길'에 대해 생각하고 있는 바를 모두 말해주기를 원합니까?

자, 이런 것입니다. 그대가 정말로 그분의 부르심에 응답하고 있다면, 그대는 그리스도를 위해 최선을 다하게 될 것입니다. 그대가 기도를 사랑하는 사람이라면, 그대는 내가 언급했던 그 응답을 받게될 것이고, 희생에 굶주리게 될 것이며, 가장 어려운 일들을 찾게 될 것입니다.

그리하여 그대는 이 세상에서 행복할 것이고, 영원한 생명의 나라인 내세에서는 더욱 행복할 것입니다.

256 그 상처는 아픕니다. 그러나 회복 중입니다. 결심을 실천하십시오. 그러면 고통은 조만간 기쁨과 평화로 바뀔 것입니다.

257 그대는 모래자루처럼 꼼짝 않고 있습니다. 그대는 손 하나 까딱하지 않습니다. 그러니 그대가 미지근함의 첫 증세를 느끼기 시작했다고 해서 이상할 것 하나도 없습니다. 깨어나십시오!

소심증

258   그대에게서 평화를 앗아가는 그런 소심증을 물리쳐야 합니다. 영혼의 평화를 앗아가는 것은 하느님으로부터 오는 것이 아닙니다.

하느님께서 그대에게 오시면 이런 인사들의 의미를 깨닫게 될 것입니다. "내 평화를 너희에게 주노라…. 내 평화를 두고 가노라…. 너희에게 평화가 있기를…." 그대가 고뇌할 때도 말입니다.

259   아직도 그런 소심증을 느끼고 있다니! 그대의 지도자에게 단순하고도 분명하게 이야기하십시오.

그리고 순명하십시오. 사랑이 넘치시는 주님의 성심을 작게 만들지 마십시오.

260 슬픔, 침울함. 나는 놀라지 않습니다. 그것은 그대의 타락이 일으킨 먼지구름입니다. 그러나… 이제 그만! 이미 은총의 바람이 그 구름을 멀리 날려보내지 않았습니까?

그대가 그 슬픔을 물리치지 않고 계속 갖고 있다면 그것은 그대 교만의 겉포장이 될 수 있습니다.

그대는 정말 자신을 완전하고 죄없는 사람이라고 생각했던 겁니까?

261 나는 그대가 그것에 대해 더 이상 생각하는 것을 금합니다. 그 대신 그대의 영혼에 생명을 되돌려주신 하느님을 찬미하십시오.

262 그대의 타락에 대해 더 이상 생각하지 마십시오. 그 기억은 그대를 압도하고 짓누름은 물론, 쉽게 다음 유혹의 원인이 될 것입니다.

그리스도께서 그대를 용서하셨습니다! 묵은 그대를 잊어버리십시오.

263 낙심하지 마십시오. 나는 그대가 투쟁하는 것을 보았습니다. 오늘의 패배는 최후의 승리를 위한 연습이었습니다.

264 그대가 맨 밑바닥까지 떨어졌다 해도 그대는 잘했습니다. 그대는 겸손했고 올바른 마음으로 했으며 희망을 가득 품고 했으니 말입니다.

그 희망이 그대를 다시 하느님의 사랑으로 데려가 주었습니다.

놀라서 그렇게 얼빠진 얼굴을 할 건 없습니다. 그대는 잘했습니다!

그대는 땅에서 일어났습니다. 다시 한번 강력한 목소리가 들려옵니다.

"일어나라. Surge."

"그리고 걸으라! Et ambula!"

이제 일하러 갑시다.

하느님의 현존

265 자녀들. 그들은 아버지 앞에서 얼마나 훌륭하게 처신하려고 합니까! 그리고 왕의 자녀들도 그들의 아버지, 왕 앞에서 왕가의 품위를 높이려고 얼마나 애를 씁니까!

그렇다면 그대는? 그대가 그대의 아버지이시자 위대한 왕이신 하느님 앞에 항상 있다는 것을 깨닫지 못합니까?

266 하느님 앞에서 문제를 고려해보기 전에는 결코 결정을 내리지 마십시오.

267 하느님이 항상 우리 곁에 계시다는 사실을 확신할 필요가 있습니다. 우리는 마치 별들이 빛나는 저 먼 곳에 하느님이 계시는 양 살고 있습니다. 그분이 또한 우리 곁에 항상 계시다는 것을 깨닫지 못합니다.

그분은 사랑이 넘치시는 아버지이시기 때문에 세상의 모든 어머니들이 자녀를 사랑하는 것 이상으로 우리 한 사람 한 사람을 사랑하십니다. 그분은 우리를 도우시고, 영감을 주시고, 축복하시고… 용서하십니다.

우리가 어떤 못된 장난을 치고 나서 "다시는 안 그럴게요!" 하고 말씀드려서 아버지의 이맛살을 펴드린 적이 얼마나 많습니까! 같은 날 또 다시 잘못을 저질렀는지도 모르죠…. 그러면 아버지는 짐짓 엄한 목소리를 내고 심각한 얼굴로 타이르시지만 우리의 나약함을 아시기 때문에 마음을 한없이 누그러뜨리시며 이렇게 생각하십니다.

'가엾은 녀석, 잘해보려고 얼마나 열심히 노력하고 있는지!'

우리는 주님이 천국과 우리 곁에 계시는 아버지, 바로 우리 아버지이심을 깨달아야 하고 또 이 사실을 확신해야 합니다.

268 하루에도 몇 번씩 감사기도를 통해 하느님께 그대의 마음을 들어올리는 습관을 지니십시오. 그분께서 이것도 주시고 저것도 주시기 때문에, 어떤 사람이 그대를 멸시했기 때문에, 그대가 필요한 것을 갖지 못했거나 혹은 가졌기 때문에.

그분께서 그분의 어머니이자 그대의 어머니인 마리아님을 그처럼
아름답게 만드셨기 때문에, 태양과 달과 이 동물과 저 식물을 창조
하셨기 때문에, 저 사람은 웅변가로 만들고, 그대는 말수가 적은 사
람으로 만드셨기 때문에….
모든 것을 감사하십시오. 모든 것이 다 좋기 때문입니다.

269 성당의 담과 종각을 보고도 마음으로나마 감실을 찾아가 조배를 드
리지 못할 만큼 눈이 멀고 덜렁거려선 안됩니다. 그분께서 그대를
기다리고 계십니다.
그리스도께서 모욕을 당하신 곳이라고 알고 있는 장소를 지나가면
서도 원죄 없으신 마리아님께 화살기도 한번 바치지 못할 만큼 눈이
멀고 무분별해서도 안됩니다.

270 그대가 도심거리를 지나가다가 또 하나의 감실을 발견할 때 마음이
설레지 않습니까?

271 늘 기도하는 어느 영혼이 이렇게 기도했습니다. "지향에는 예수님
께서 저희 목적이 되시고, 애정에는 사랑이 되시고, 대화에는 테마
가 되시고, 행동에는 모범이 돼주십시오."

272 하느님의 현존을 잃지 않도록 내가 그대에게 권했던 성스러운 '인
간적 방법'을 활용하십시오. 화살기도, 애덕의 기도와 통회의 기도,

신영성체기도, 성모님 성화 바라보기.

273 홀로라고요! 그대는 홀로가 아닙니다. 우리는 멀리서부터 그대와 밀착 동행하고 있습니다. 게다가 은총의 지위에 있는 그대 영혼 안에 계시는 성령 그대와 함께 계신 하느님께서 그대의 모든 생각, 소원, 행위에 초자연적 영감을 전해주십니다.

274 "신부님," *센뜨랄 모범생인 그 덩치 큰 젊은이가 말했습니다. 그는 지금 어떻게 되었을까? "신부님께서 제게 해주신 말씀, '나는 하느님의 아들이다!'에 대해 생각해보았습니다. 그러고는 머리를 들고 턱을 내밀고 하느님의 아들이라는 자부심을 느끼면서 걷는 저를 보고 놀랐습니다."
그 '자부심' 을 키워가라고 나는 자신있게 충고했습니다.

275 나는 그대가 올바름을 의심치 않습니다. 그대가 하느님 앞에서 행동한다는 것을 알고 있습니다. 그러나, 반드시 '그러나!' 가 한 가지 있습니다. 인간적인 기준으로만 판단하는 사람들이 그대의 행동을 보고 있거나 보게 될 것입니다…. 그대는 그들에게 모범을 보여줘야만 합니다.

---

* **센뜨랄** : ⟨길⟩을 쓸 당시 마드리드대학을 센뜨랄이라고 불렀다.

276 그대가 예수님께 가기 위해서 적어도 일주일에 한 번만이라도 마리아님과 일치하려고 노력한다면 하느님의 현존을 더 깊이 체험할 수 있을 것입니다.

277 그대는 내게 묻습니다.

"무엇 때문에 저 나무십자가를?" 그래서 나는 *어느 편지를 인용합니다.

"제가 현미경에서 눈을 뗄 때, 제 시선은 검고 텅 빈 십자가를 응시하게 됩니다. 몸이 달리지 않은 그 십자가는 하나의 상징입니다. 그것은 다른 사람들이 알지 못하는 어떤 의미를 갖고 있습니다. 피곤해 막 일을 포기하려고 할 때, 저는 다시 현미경에 눈을 대고 일을 계속합니다. 왜냐하면 그 외로운 십자가가 그걸 지고 갈 두 어깨를 요구하고 있기 때문입니다."

278 하느님의 현존을 느끼십시오. 그러면 초자연적 삶을 살게 될 것입니다.

---

* 여기에 인용된 편지는 후안 히메네스라는 의사가 1938년 5월에 쓴 것입니다.

초자연적 삶

279 사람들의 안목은 평면적이고 땅에 고정돼 있고 2차원적입니다.
초자연적 삶을 살 때, 그대는 하느님으로부터 3차원적인 안목을 받
을 것입니다. 높이, 그것과 함께 원근과 무게와 부피를 말입니다.

280 그대가 삶에서 초자연적 의미를 상실할 때, 그대의 사랑은 자선이
되고, 그대의 정결은 체면이 되고, 그대의 금욕은 어리석은 짓이고,
그대의 고행은 매질에 지나지 않습니다. 따라서 그대의 모든 일은
열매를 맺지 못합니다.

281 침묵은 내적 생활의 문지기와 같습니다.

282 역설. 학자가 되는 것보다 성인이 되는 기회가 더 열려있으나 학자가 되는 것이 성인 되는 것보다 더 쉽습니다.

283 기분전환! 기분전환이 필요하다니! 그리하여 사물의 이미지를 들여놓으려고 눈을 크게 뜨거나, 아니면 근시라서 아주 가느다랗게⋯.
다 닫아버리십시오! 내적 생활을 하십시오. 그러면 꿈꾸지 못했던 색채와 전망을 가진 더 나은 세계, 새로운 세계의 경이로움을 보게 될 것입니다⋯. 그리하여 그대는 하느님과 사귀게 될 것입니다. 그대는 자신의 초라함을 느낄 것이고, 하느님을 더욱 닮아 그분을 가까이 함으로써 그대의 형제인 모든 사람과 우애를 한층 돈독하게 할 것입니다.

284 갈망. 내 자신이 선해지고, 그밖에 다른 모든 사람은 나보다 더 나아지는 것을!

285 회개는 한순간의 일입니다. 성화는 필생의 일입니다.

286 세상에서 하느님의 은총 안에 사는 것보다 더 좋은 일은 없습니다.

287 지향의 순수함. 그대가 항상 모든 것에 앞서 하느님만을 기쁘시게

해드리고자 한다면, 언제든지 그것을 지닐 수가 있습니다.

288   십자가에 못박히신 그리스도의 상처 안으로 들어가십시오. 거기서 그대는 감각을 지키는 법을 배울 것입니다. 그대는 내적 생활을 하게 되고, 그대의 빚과 모든 사람의 빚을 갚기 위해 주님과 마리아님의 고통을 성부께 끊임없이 봉헌하게 될 것입니다.

289   하느님을 섬기려는 그대의 그 성스러운 조바심을 그분은 싫어하지 않으십니다. 하지만 그것이 그대의 일상생활에 개선이 없으면 쓸모없을 것입니다.

290   개선. 매일 조금씩. 그대가 정말로 성인이 되고 싶다면 이 일이 그대의 부단한 작업입니다.

291   그대는 자신을 성화할 의무가 있습니다. 그렇습니다. 그대도 말입니다. 누가 이 의무를 사제들과 수도자들만의 관심사라고 생각하는 것입니까?
우리 모두에게, 한 사람도 예외 없이 주님께서 말씀하셨습니다.
"하늘에 계신 아버지께서 완전하신 것 같이 너희도 완전한 사람이 되어라."

292   그대의 내적 생활은 바로 이런 것이라야 합니다. 시작하는 것…. 또

다시 시작하는 것.

293 그대의 내적 생활에 있어서, 한결같은 의지로 하는 '봉사'의 아름다
움을 생각해본 적이 있습니까?

294 식물들이 눈 속에 파묻혀 보이지 않았습니다. 그러자 그 농장주인인
농부가 만족한 투로 이렇게 말했습니다. "지금 그 식물들이 안에서
자라고 있습니다."
나는 그대를, 할 수 없이 활동을 멈출 수밖에 없게 된 그대를 생각했
습니다….
말해보십시오, 그대도 안에서 자라고 있습니까?

295 만일 그대가 자신의 주인이 아니라면, 설사 그대가 세력가라 해도
그대의 권력은 나에게 연민과 웃음을 자아낼 뿐입니다.

296 복음서에서 빌라도의 질문을 읽는 것은 괴롭습니다.
"누구를 놓아주면 좋겠느냐, 바라빠냐? 그리스도라는 예수냐?" 그
런데 그 대답을 듣는 것은 더욱 고통스럽습니다.
"바라빠요!"
내가 길을 잃었을 때, 나 역시, 그렇게도 자주 "바라빠요!"라고 말했
다는 사실이 너무도 끔찍합니다. 그리고 "그리스도는?…"이라는 질
문에 "십자가에 못박으시오! *Crucifige eum!*" 하고 덧붙였으니 말입

니다.

297   현재 그대가 걱정하고 있는 그 모든 것들은 그다지 중요치 않습니다. 절대적으로 중요한 것은 그대가 행복해지는 것과… 그대가 구원받는 것입니다!

298   새로운 빛들! 주님께서 그대에게 '새 지평'을 열어주셨으니 얼마나 기쁩니까?
기회를 잘 이용하십시오. 감사의 노래가 터져나와야 할 시간입니다.
그리고 그대 영혼 구석에 쌓인 먼지를 털어버리고, 틀에 박힌 것에서 벗어나고, 더욱 초자연적으로 일하고, 이웃에 흠이 되는 일은 피해야 할 시간입니다.
한마디로, 어떤 구체적인 결심을 통해 그대의 감사를 드러내십시오.

299   그리스도께서는 그대를 위해 돌아가셨습니다. 그대는… 그리스도를 위해 무엇을 해야합니까?

300   그런 좌절, 그런 불안, 그런 쓰라림과 같은 그대의 개인적 체험이 그리스도의 이 말씀이 사실인 것을 절실히 깨닫게 해줍니다.
"아무도 두 주인을 섬길 수는 없다."

내적 생활에 관한 부연

301 비밀. 외치고 싶은 비밀 : 이 세상의 위기는 성인들의 위기입니다. 하느님께서는 모든 인간 활동 속에서 '그분께 속하는' 한 줌의 인물을 원하십니다. 그 다음엔… "그리스도의 왕국에 그리스도의 평화 pax Christi in regno Christi"가 깃들게 될 것입니다.

302 그대의 십자고상. 그리스도인으로서 그대는 십자고상을 지니고 다녀야 합니다. 그것을 일하는 책상 위에 올려놓으십시오. 잠자리에 들기 전에, 또 잠자리에서 일어날 때 거기 입을 맞추십시오. 그대의 가엾은 육체가 영혼에게 저항할 때도 그대의 십자고상에 입을 맞추

십시오!

303 주님을 그분의 이름으로 부르는 것을 두려워하지 말고 '예수님' 하고 부르십시오. 그리고 그분을 사랑한다고 말씀드리십시오.

304 내적 생활의 진보를 위해서 반드시 필요한, 그 축복받은 고독을 매일 몇 분만이라도 갖도록 노력하십시오.

305 그대는 내게 이렇게 편지했습니다.
"단순함은 완덕에 꼭 필요한 소금입니다. 제게는 그것이 부족합니다. 저는 그것을 갖길 원합니다. 하느님의 도우심과 신부님의 도움으로 말입니다."
그분의 도우심도 나의 도움도 부족하지 않을 것입니다. 여러 방법들을 써보십시오.

306 "인간이 땅에서 사는 것은 군대생활과 같다."
수십 세기 전에 욥이 한 말입니다.
이 사실을 모르는 태평한 사람들이 아직도 있습니다.

307 그 초자연적 방법으로 처신하는 것은 참된 군대전술입니다. 그대는 요새의 주된 성벽으로부터 멀리 떨어진 곳에서, 내적 생활의 일상적인 전투를 하고 있습니다.

적은 그곳으로 그대를 만나러 옵니다. 그대의 작은 극기 행위 안으로, 그대의 일상적인 기도 안으로, 그대의 질서있는 일 안으로, 그대의 영적생활 규칙 안으로 말입니다. 그렇다면 적이 요새 가까이 다가와 흙벽을 기어오르기는 어렵습니다. 설령 그렇다고 해도, 적은 무척 지친 상태입니다.

308 그대가 쓴 편지를 인용합니다. "저의 기쁨과 저의 평화. 만일 제게 평화가 없다면, 저는 참된 행복을 결코 누리지 못할 것입니다. 그렇다면 평화는 무엇일까요? 평화는 전쟁과 밀접한 관련이 있는 것입니다. 평화는 승리의 결과입니다. 평화는 제게 부단한 투쟁을 요구하고 있습니다. 투쟁 없이는, 저는 결코 평화를 누리지 못할 것입니다."

309 하느님의 정의 안에 얼마나 깊은 자비가 깃들어 있는가를 생각해보십시오! 왜냐하면, 인간의 정의에 따르면, 죄를 고백한 자는 처벌을 받지만, 하느님의 법정에서는 용서받기 때문입니다.
거룩한 고백성사는 찬미받으소서!

310 "주 예수 그리스도로 온몸을 무장하십시오 Induimini Dominum Jesum Christum"라고 사도 바울로는 로마인들에게 말씀하십니다. 고해성사를 통해서 그대와 나는 예수 그리스도와 그분의 공로로 무장하게 됩니다.

311 전쟁. 그대는 내게 말했습니다.
"전쟁에는 세상이 알지 못하는 초자연적인 목적이 있습니다. 전쟁은 우리를 위해 존재해왔습니다…."
쉽고 평탄한 길에서는 전쟁이 가장 커다란 장애물입니다. 그러나 결국 우리는 그것을 사랑하지 않으면 안될 것입니다. 마치 수도자들이 고행을 사랑하듯이 말입니다.

312 주님, 당신 이름의 능력이란! 나는 언제나처럼, 다음과 같은 말로 편지의 첫 구절을 시작했습니다. "예수님께서 그대를 보호해주시길!"
그러자 내게 온 응답은 이랬습니다. "신부님의 편지 중 '예수님께서 그대를 보호해주시길!'이라는 구절이 벌써 저를 커다란 궁지에서 한 번 해방시켜 주었습니다. 그분께서 또한 여러분 모두를 보호해주시길 빕니다."

313 "주님께서 한결같이 관대하게 저를 도와주시니, 정화된 행실로 그분께 응답하려고 노력하겠습니다."
그대가 내게 한 말입니다. 나는 더 보탤 말이 없습니다.

314 나는 편지로 그대에게 말했습니다. "나는 그대를 믿습니다. 그대는 우리가 무슨 일을 할 수 있는가를 보게 될 것입니다…!" 주님께 의지하지 않고 우리가 무슨 일을 할 수 있겠습니까!

315 선교사. 그대는 선교사를 꿈꿉니다. 그대는 하비에르처럼 가슴이 설렙니다. 그리하여 그리스도를 위하여 제국을 정복하고 싶어합니다. 일본, 중국, 인도, 러시아를. 그리고 북유럽, 아메리카, 아시아, 오스트레일리아를!

마음속의 그 불, 영혼에 대한 굶주림을 키워나가십시오. 그러나 그대가 순명함으로써 더 선교하게 된다는 것을 잊지 마십시오. 그대는 그런 사도직 지역과는 멀리 떨어진 '이곳'과 '저곳'에서 일하고 있습니다. 그대가 많은 사람에게 세례를 준 후에 팔이 뻐근하지 않습니까? 하비에르처럼 말입니다!

316 그대는 내게 "예, 저는 원하고 있습니다."라고 말합니다. 좋습니다. 그러나 그대는 수전노가 황금을 사랑하듯이, 어머니가 아이를 사랑하듯이, 야망을 품은 자가 명예를 사랑하듯이, 방탕한 자가 쾌락을 사랑하듯이, 그렇게 원합니까?

아니라고요? 그렇다면 그대는 원하고 있는 것이 아닙니다!

317 사람들은 세속적인 일에 얼마나 열정을 쏟는지! 명예를 꿈꾸고, 재물을 탐내고, 육체적 쾌락을 좋아합니다! 남자와 여자, 부자와 가난한 자, 노인과 중년층과 청년과 심지어 아이들까지! 모두 똑같이!

그대와 내가 그런 열정을 영혼의 일에 쏟는다면, 우리는 열렬하고 실천적인 믿음을 가질 것입니다. 그렇다면 우리 사도직에서 극복할 수 없는 장애물은 하나도 없을 것입니다.

318 스포츠맨인 그대에게, 사도의 이 말씀은 참으로 일리가 있습니다. "경기장에서 달음질하는 사람들이 다 같이 달리지만 상을 받는 사람은 하나뿐이라는 것을 여러분은 모르십니까? 여러분도 힘껏 달려서 상을 받도록 하십시오. Nescitis quod ii qui in stadio currunt omnes quidem currunt, sed unus accipit bravium? Sic currite ut comprehendatis."

319 마음을 모으십시오. 그대 안에서 하느님을 찾고 그분께 귀기울이십시오.

320 그런 고귀한 생각들을, 초기의 그런 거룩한 갈망들을… 키워나가십시오. 작은 불꽃 하나가 큰 불을 일으킬 수 있습니다.

321 사도적인 영혼이여, 긴 세월을 그분과 사뭇 가까이 있었지요! 예수님과 그대의 친교가 아무런 의미가 없단 말입니까?

322 내가 우리 감실을 베다니아라고 부르는 것은 사실입니다. 주님의 친구들, 라자로, 마르타, 마리아와 친구가 되십시오. 그러면 그대는 내가 왜 감실을 베다니아라고 부르는지 더 이상 묻지 않을 것입니다.

323 '복음적 권고들'이 있음을 그대는 압니다. 그것들을 따르는 것은 정제된 사랑입니다. 사람들은 그것이 소수인을 위한 길이라고 합니다

만 나는 다수를 위한 길도 될 수 있다고 가끔 생각합니다.

324 "그는 집짓기를 시작해놓고는 끝내지를 못했다! Quia hic homo coepit aedificare, et non potuit consummare!"

그대가 원치 않는다면 이 슬픈 논평은 그대에게 적용되지 않을 것입니다. 왜냐하면 그대는 성화의 건물을 마무리하는 데 필요한 모두를 갖고 있기 때문입니다 : '하느님의 은총'과 '그대 자신의 의지'.

미지근함

325 그대의 영적 생활에서 그대를 게으르고 안일하게 만드는 느슨함과 싸우십시오. 그것이 미지근함의 시초가 될 수 있습니다… 그리고 성서에서, 하느님께서는 미지근한 자들을 뱉어버리겠다고 하십니다.

326 자기 삶 속에서, 신분의 범위 안에서 완덕을 향해 곧장 나아가지 않고 스스로를 미지근함의 위험에 방치하는 그대를 보면 나는 가슴이 아픕니다.

나와 함께 이렇게 외칩시다. 나는 미지근해지고 싶지 않습니다!

"나의 몸은 당신이 무서워 떨립니다! Confige timore tuo carnes meas!" 나의 하느님, 제게 활력을 불어넣을 아버지에 대한 두려움을 허락하소서!

327 그대가 대죄를 피한다는 것을 나는 이미 압니다. 그대는 구원받기를 원합니다! 그러나 그대는 자신을 정복하라시는 하느님의 목소리를 매번 느끼면서도 끊임없이, 고의적으로 소죄에 떨어지는 것에 대해선 걱정하지 않습니다.

그런 지독한 마음이 생기는 것은 바로 그대의 미지근함 때문입니다.

328 대죄가 아니라는 이유로 싸우지 않고 굴복해버릴 때 그대가 지닌 하느님을 위한 사랑은 얼마나 작은지!

329 소죄는 영혼에 큰 해를 끼칩니다. 아가서에서 주님이 말씀하셨습니다.

"우리 포도밭을 짓밟는 새끼 여우떼를 잡아주시오. Capite nobis vulpes parvulas, quae demoliuntur vineas."

330 그대가 자신의 소죄를 통회하지 않아 내 마음이 얼마나 아픈지 모릅니다! 왜냐하면, 그런 상태로 있는 한 그대는 결코 내적 생활을 시작할 수 없기 때문입니다.

331 주님의 일을 게을리하거나 마지못해 한다면, 고의적으로 혹은 '약
삭 빠르게' 자신의 의무를 줄이는 방법을 찾는다면, 자신과 자신의
안일만 생각한다면, 대화가 무성의하고 쓸모없다면, 소죄를 혐오하
지 않는다면, 인간적인 동기에서 행동한다면 그대는 미지근한 것입
니다.

공 부

332   학자가 될 수 있으나 되지 않는 사람을 우리는 용서할 수 없습니다.

333   공부. 순명. "양보다는 질 Non multa, sed multum"

334   그대는 기도하고, 극기하고, 수많은 사도직 활동을 하고 있습니다…, 그러나 공부는 하지 않습니다. 그 태도를 바꾸지 않는다면, 그대는 쓸모가 없습니다.
공부는, 어느 분야의 직업교육이든, 우리에게 중요한 의무입니다.

335 현대의 사도에게는 한 시간의 공부가 한 시간의 기도입니다.

336 그대의 지성으로 하느님을 섬기고자 한다면, 공부는 그대의 중대한 의무입니다.

337 그대는 자주 성사를 봅니다. 그대는 기도합니다. 그대는 순결합니다. 그러나 공부는 하지 않습니다. 자신이 훌륭하다고 내게 말하지 마십시오. 그대는 그저 '괜찮은' 사람일 뿐입니다.

338 예전에는 인간의 지식, 과학이 한정돼 있어서 학자 한 사람으로도 우리의 거룩한 신앙을 방어하고 옹호하는 것이 꽤 가능해 보였습니다. 현대과학의 발전과 전문화를 보건대 오늘날은 그리스도교 신앙을 지키는 사람들이 일을 서로 분담해야 합니다. 만일 그들이 모든 분야에서 교회를 과학적으로 방어하고자 한다면 말입니다.
그대는… 이 책임을 회피할 수 없습니다.

339 서적. 참된 지식과 분별력을 지닌 가톨릭 신자의 조언 없이는 그것들을 구입하지 마십시오. 쓸모없거나 해로운 책을 구입해버릴 수 있습니다.
겨드랑이에 책을 끼고 다닌다고 생각하지만, 사실은 쓰레기 한 묶음을 지니고 다니는 사람이 얼마나 많습니까!

340 공부. 진지한 자세로 공부하십시오. 만일 그대가 빛과 소금이 되어야 한다면, 그대는 지식과 능력을 갖춰야 합니다.

그렇게 하지 않으면서 게으르고 태만한 생활이 자신에게 무슨 지식을 거저 줄 거라고 상상합니까?

341 공부에 열성을 기울이는 것은 좋습니다. 그대가 내적 생활을 성취하는 데 그와 똑같은 열성을 쏟는 한 말입니다.

342 가르치기 전에 행실을 보여야 한다는 것을 잊지 마십시오. 성서는 예수 그리스도를 이렇게 전합니다. "그분은 행실을 보이고 나서 가르치셨다. Coepit facere et docere."

먼저 행실을. 그대와 내가 배울 수 있도록 말입니다.

343 일하십시오! 그대가 전문적인 일에 몰두하고 있을 때, 그대 영혼의 생명도 성장할 것입니다. 그리하여 그대를 망치는 '쓸데없는 분심'을 제거함으로써 그대는 더욱 인간다워질 것입니다.

344 교육자. 그대가 학생들에게 세속적인 지식을 전수하기 위해 가장 좋은 교수법을 배우고 실천하듯이 그리스도인의 영적 생활도 배워 그것을 실천하십시오. 그것이 학생들과 그대 자신을 더 나은 사람이 되게 도와주는 유일한 방법입니다.

345 교양. 교양! 좋습니다! 어느 누구에게 뒤지지 않도록 열심히 노력하고 또 그것을 갖추십시다.

그러나 교양은 수단일 뿐 목적이 아닙니다.

346 학생. 굳건하고 활기찬 신심을 그대 안에 형성하십시오. 학업에 뛰어나십시오. '전문적인' 사도직을 위한 강한 열망을 품으십시오.

약속하건대, 그 사도직은 그대의 종교적이며 과학적인 활기찬 훈련을 통해 급성장할 것입니다.

347 그대는 지식을 연마하는 데만 급급합니다. 그러나 진정 단련해야 할 것은 그대의 영혼입니다. 그런 다음에야 그대는 그리스도를 위해 제대로 일하게 됩니다.

그분께서 세상을 다스리시게 하려면, 하늘에 시선을 고정한 채, 모든 인간활동에 권위있게 참여하며, 그곳에서 조용히 그리고 효과적으로 직업적 사도직을 수행하는 사람들이 필요합니다.

348 그대의 나태함, 그대의 부주의함, 그대의 게으름은 바로 비겁함이자 태만함이지 결코 '길' 은 아닙니다. 그대의 양심이 계속해서 책망하듯이.

349 그대의 의견이 옳다면 그것을 악의로 들은 사람들이 분개해도 마음을 놓으십시오. 왜냐하면 그들의 분개는 바리사이파 사람들처럼 위

선적이기 때문입니다.

350 좋은 그리스도인이 되는 것에 학식이 더해지는 것만으로는 충분치 않습니다. 만일 그대가 자신의 무례함을 시정하지 않는다면, 자신의 열망과 지식을 훌륭한 예의와 조화시키지 못한다면, 어떻게 성인이 될 수 있을는지 나는 모릅니다. 그렇다면 설령 학식이 있다고 해도 그대는 노새처럼 마구간에 묶여있어야 합니다.

351 자만 때문에 그대는 불쾌하고 혐오스러운 사람이 되고 있습니다. 그대는 자신을 조롱거리로 만들고 있습니다. 더욱 나쁜 것은, 그런 그대가 사도직의 효율을 떨어뜨리고 있다는 것입니다.
평범한 사람도 거만해서 죄를 지을 수 있다는 점을 잊지 마십시오.

352 그대의 경험 부족 그 자체가 그대를 대단한 사람인 양 착각하게 하고 우쭐거리고 허영에 빠지게 합니다.
그런 태도를 고치십시오. 제발! 어리석은 그대가 지도자의 자리에 오르게 될지도 모르겠는데 그런 일이 종종 있습니다. 만일 그대가 무능함을 깨닫지 못한다면, 재능있는 조언자들의 권고도 듣지 않을 것입니다. 그럴 경우 그대의 엉터리 지도가 끼칠 해악을 생각하면 겁이 더럭 납니다.

353 무종교주의, 중립주의. 이런 것들은 언제나 새롭게 보이려고 기를

쓰는 옛 신화들입니다.

그대가 집에 들어갈 때 모자를 벗어 벽에 걸어놓듯이, 어느 가톨릭 신자가 대학이나 협회, 모임, 혹은 국회에 들어갈 때 가톨릭신앙을 한쪽으로 제쳐놓는 것이 얼마나 어이없는 짓인지 생각해봤습니까?

354 시간을 잘 활용하십시오. 주님께 저주받은 그 무화과나무를 잊지 마십시오. 그 나무는 무엇인가를 하고는 있었습니다. 잎사귀들을 달고 있었지요. 그대처럼 말입니다….

변명거리를 내게 말하지 마십시오. 주님께서 무화과를 찾으러 오셨을 때, 그 나무가 열매 맺을 철이 아니라고 변명해봐야 소용이 없었다고 복음사가는 말했습니다.

그래서 그 나무는 영원히 열매를 맺지 못하게 되었습니다.

355 세속적인 사업에 종사하는 사람들은 시간이 돈이라고 말합니다. 내 생각에 그 말은 불충분합니다. 영혼의 사업에 종사하는 우리에게 시간은 곧 영광입니다!

356 스스로를 그리스도인이라고 하면서도 그대가 왜 그런 게으르고 쓸모 없는 생활을 하고 있는지 나는 이해할 수 없습니다. 그리스도께서 힘써 *일하셨던 생애를 잊었단 말입니까?

---

* **일하셨던 생애** : 주님의 첫 30년간을 말함. 저자는 그 기간을 '숨어 사신 삶'이라 불렀음.

357 그대는 이렇게 말했습니다. "모든 죄는 나태로 빠지는 첫 순간을 기다리고 있는 것 같습니다. 사실 나태 그 자체가 벌써 죄입니다!"

그리스도를 위해 일하기로 맹세한 사람은 단 몇 분간이라도 나태한 시간이 있어서는 안됩니다. 쉰다는 것은 아무 일도 하지 않는 것이 아닙니다. 다만 노력이 덜 필요한 활동을 하면서 긴장을 푸는 것입니다.

358 사도적인 정신을 지닌 사람이 게으름을 피운다는 것은 생각조차 할 수 없는 일입니다.

359 그대의 일상적인 일에 초자연적 동기를 부여하십시오. 그러면 그대는 그 일을 성화시킬 수 있을 것입니다.

정신형성

360 젊은 토비아에게 해주셨던 것처럼, 그대가 착하고, 예쁘고, 게다가 부자인 이 말은 농담삼아 덧붙인 것입니다 아가씨와 성스러운 혼인을 하기까지 이끌어주시도록 그대의 청춘 시기를 성 라파엘 대천사의 보호 아래 두라고 내가 충고했더니, 그대는 아주 점잖게 웃더군요!

그런데 주님께서 그대에게 더 많은 것을 요구하실지도 모르니 청년 사도 성 요한의 도움도 받을 수 있도록 해두라고 충고했을 때는 그대가 얼마나 심각해졌는지 모릅니다.

361 가족들과는 달리 사람들이 그대를 너무 엄하게 다룬다고 마음속으

로 불평하는 그대를 위해, 나는 * 어느 군의관의 편지 몇 줄을 옮깁니다.

"환자를 대하는 태도에는 두 가지가 있습니다. 첫째는, 양심적인 전문 직업인의 태도로서 냉정하고 타산적이지만 객관적이고 환자에게 유용한 태도입니다. 또 하나는 가족들이 눈물바람 속에 소란을 피우는 태도입니다. 만일 전투중인 전선 응급치료소에 환자들이 계속 들이닥쳐 후송이 지연되고 있을 때 병상마다 가족들이 붙어있다면 어떻게 되겠습니까? 의사가 적진으로 넘어가고 싶은 상황이 되고 말 것입니다."

362 나에게는 기적들이 필요 없습니다. 복음서에 있는 것으로 충분합니다. 오히려 그대의 의무수행과 은총에 대한 그대의 응답이 필요합니다.

363 그대는 기가 꺾이고, 풀이 죽었습니다. 사람들이 방금 그대에게 한 가지 교훈을 주었기 때문입니다! 그들은 그대가 자기들의 도움을 그다지 필요로 하지 않는다고 생각할 때에는 그대에게 빈 약속을 많이 했습니다. 그러나 기껏 몇 푼 되지 않는 돈이어도 그대를 도와줘야 할 것 같은 기미가 보이자, 그들은 우정을 무관심으로 바꿔버렸습니다.

---

* **어느 군의관의 편지** : 277에 인용된 편지를 쓴 의사 후안 히메네스를 말함.

하느님만 신뢰하고, 그분을 통해 그대와 일치해있는 사람들만 신뢰하십시오.

364 아, 그대가 만일 자신의 야망, 자신의 허영, 자신의 쾌락… 을 만족시키려는 것과 같은 열성으로, 하느님을 진지하게 섬기기로 결심한다면!

365 만일 그대가 지도자가 되고자 하는 충동을 느낀다면, 형제들 중에서는 꼴찌가 될 것, 그리고 다른 사람들 중에서는 첫째가 될 것, 이것이 그대의 목표가 되어야 합니다.

366 어디 봅시다. 아무개가 전에 알고 있던 어떤 사람들이나 기질, 직업, 혹은 성격상 더 끌린다고 느끼는 사람들과 터놓고 어울리는 것이 그대에게 무슨 모욕이 되겠습니까? 하지만 여러분 사이에는 개인적인 우정을 내색하는 것도 삼가십시오.

367 아주 훌륭한 음식이라도 돼지가 먹으면 돼지 몸이 될 뿐입니다. 그러니 천사가 됩시다. 우리가 흡수하는 생각들을 고귀하게 하기 위해서 말입니다.
그게 어렵다면 적어도 사람이 됩시다. 그리하여 우리가 먹는 음식을 강하고 멋진 육신이나 하느님을 이해하고 흠숭할 수 있는 능력있는 두뇌로 전환시킵시다.

많고 많은 경우처럼 짐승은 되지 맙시다!

368 따분하다고요? 그것은 그대의 감각은 깨어있고 영혼은 잠들어있기 때문입니다.

369 예수 그리스도의 사랑 때문에 그대는 종종 양보, 숭고한 양보를 하게 될 것입니다. 그리고 예수 그리스도의 사랑 때문에 그대는 종종 비타협적인 고집을 부려야 할 것입니다. 그것 또한 매우 숭고한 일입니다.

370 그대가 나쁘지 않은데 그렇게 보인다면, 그대는 바보입니다. 그리고 비방당하는 원인인 그 바보스러움은 나쁜 것보다 훨씬 더 나쁩니다.

371 직업적 평판이 의심스러운 사람들이 종교적인 대중행사에서 지도자로 활동하는 것을 보면, 그대는 틀림없이 그들의 귀에 대고 이런 말을 속삭이고 싶었을 겁니다. "제발, 부탁인데 너무 가톨릭 신자인 양하지 좀 마십시오!"

372 만일 그대가 공무에 종사하고 있다면, 그대는 그에 따른 권리를 갖고 있고 또 의무도 갖고 있습니다.
그대가 어떤 사도직으로 인해, 아니면 그 일을 핑계삼아 자신의 의무에 불성실했다면, 그대는 사도의 길에서 벗어난 것입니다. 왜냐하면 그대는 '사람을 낚는 어부의 낚싯바늘'인 직업적 신망을 잃었기 때문입니다.

373 나는 그대의 사도직 모토가 마음에 듭니다.
"쉬지 말고 일하라."

374 왜 그렇게 성급합니까? 그것이 활동이라고 내게 말하지 마십시오. 그것은 허둥대는 것입니다!

375 방탕. 그대는 그대의 길에서 만나게 되는 아무 흙탕물로나 그대의 감각과 능력이 요구하는 갈증을 채웁니다. 그러고 나서 그대는 이런 경험을 하게 됩니다. 아직 결정하지 못한 목표, 산만한 집중력, 잠든 의지, 눈을 뜬 탐욕.
그대를 그리스도인의 생활로 이끌어줄 계획에 다시 자신을 예속시키십시오. 그렇게 하지 않는다면, 그대는 쓸모있는 그 어떤 일도 할 수 없을 것입니다.

376 "환경이 우리에게 얼마나 영향을 끼치는지!" 그대는 내게 그렇게 말했습니다. 그래서 나는 이렇게 말하지 않을 수 없었습니다. "그렇다마다요." 그렇기 때문에 오히려 자연스러운 방법으로 자신의 주변 환경을 감동시킬 수 있는 쪽으로 그대의 사도직 정신을 형성해야 하는 것입니다. 그렇게 해야 그대가 살고 있는 사회에 그대의 '음조'를

울릴 수 있습니다.

그때, 그대가 이 정신을 획득했을 때, 사도들이 그리스도의 이름으로 자신들의 손이 행한 기적의 첫 열매들을 눈여겨보면서 놀라움을 금치 못했던 것처럼, 그대는 내게 이렇게 말할 것이라고 확신합니다. "주변환경에 미치는 우리의 영향이 얼마나 막대한지!"

377 그러면 제가 어떻게 '우리의 형성'을 체득하고 '우리의 정신'을 간직할 수 있겠습니까? 그대의 영적 지도자가 정하고, 설명하고, 사랑하게 해준 그 구체적인 '규칙'들을 지킴으로써 가능합니다. 그것들을 지키십시오. 그러면 그대는 사도가 될 것입니다.

378 비관론자가 되지 마십시오. 일어났거나, 혹 일어날 수도 있는 모든 일은 결국 선하게 이루어져 간다는 사실을 깨닫지 못합니까?
그대의 낙관주의는 믿음의 필연적인 결과일 것입니다.

379 자연스러움. 그리스도의 신사, 그리스도의 숙녀, 그대들의 삶에 그대의 빛과 그대의 소금이, 자연스럽게 드러나게 하십시오. 별나거나 유치한 짓은 하지 말고 언제나 그리스도인의 단순한 정신을 지니고 다니십시오.

380 "그런데 저의 생활이 이교도적, 세속적 환경과 대립할 때, 저의 자연스러움이 인위적으로 보이지는 않을까요?" 하고 그대는 내게 묻습

니다.

나는 대답합니다. 의심할 여지없이 그대의 생활은 그들의 생활과 부딪칠 것입니다. 그대가 일 속에서 자신의 신앙을 증명하고 있는 그런 대조야말로 내가 그대에게 요구하는 바로 그 자연스러움입니다.

381 사람들이 그대에게 '단체정신'이 지나치다고 말해도 걱정하지 마십시오. 그들이 원하는 것이 무엇이란 말입니까? 손에 쥐자마자 부서져버리는 그런 연약한 도구를 원하는 것은 아닐까요?

382 그대에게 〈예수의 생애〉를 선물하면서, 나는 그 책 속에 이런 헌시를 적어두었습니다. '그대가 그리스도를 찾게 되기를. 그대가 그리스도를 만나게 되기를. 그대가 그리스도를 사랑하게 되기를'
이는 아주 분명한 세 단계입니다. 그대는 적어도 첫째 단계라도 시도해봤습니까?

383 만일 그들이 지도자인 그대가 약해졌다는 것을 보게 된다면 그들의 순명이 흔들리는 것은 놀라운 일이 아닙니다.

384 혼돈. 나는 그대의 올바른 판단력이 흔들렸다는 것을 알았습니다. 그래서 그대가 나의 말을 알아들을 수 있게 이런 편지를 보냈습니다. '악마의 얼굴은 몹시 추합니다. 놈은 아주 영리해서 우리에게 놈의 뿔을 보여주지 않습니다. 게다가 결코 정면 공격을 하지 않습니

다. 놈이 얼마나 자주 고결한 척, 심지어 영성적인 척하면서 접근하는지!'

385 주님께서 이렇게 말씀하십니다. "너희에게 새 계명을 주노라. 서로 사랑하여라. 너희가 서로 사랑하면 이것을 보고 세상 사람들이 너희가 내 제자라는 것을 알게 될 것이다."
그리고 바울로 사도는 이렇게 말씀하셨습니다. "서로 남의 짐을 져주십시오. 그래서 그리스도의 법을 이루십시오."
나는 더 보탤 말이 없습니다.

386 나의 영적 자녀여, 잊지 마십시오. 이 세상에서 그대가 두려워하고 하느님의 은총으로 피해야하는 악은 단 한 가지밖에 없습니다. 죄.

개인 성화

387 주님께서 우리에게 원하시는 성화의 면面은 이 세 점으로 이루어집니다. 거룩한 고집, 거룩한 강요, 그리고 거룩한 뻔뻔함입니다.

388 거룩한 뻔뻔함은 세속적인 뻔뻔함과는 아주 다른 것입니다.

389 거룩한 뻔뻔함은 영적 어린이의 삶의 특징입니다. 어린이는 아무것도 걱정하지 않습니다. 그는 모든 사람이 지켜본다 해도 자신의 나약함, 천성적인 나약함을 천진스럽게 드러냅니다.
그런 뻔뻔함을 초자연적 생활로 옮겨보면 이런 이론이 가능합니다.

칭찬은 경멸이고, 존경은 멸시이고, 명예는 수치이고, 건강은 병이고, 부유는 빈곤이고, 아름다움은 추함이다….

자, 좋습니다. 그것이… 어떻다는 말입니까.

390 조롱당하는 것을 웃어넘기십시오. 뭐라고 하든 전혀 개의치 마십시오. 그대 안에서 그리고 그대 환경에서 하느님을 찾고 체험하십시오.

그렇게 하면 머지않아 그대는 그리스도인의 세련미를 지니고, 역설적이지만! 살아가는데 필요한 뻔뻔함을 지니게 될 것입니다.

391 만일 그대가 거룩한 뻔뻔함을 지니고 있다면, 남들이 뭐라고 할까, 혹 뭐라고 했을까 하는 것이 그대에게 뭐가 중요하겠습니까?

392 최선을 다하는 사람에게는 조롱이 있을 수 없다는 점을 명심하십시오.

393 타협적인 사람은 예수님을 다시 사형에 처하고 말 것입니다.

394 타협하는 것은 진리를 갖고 있지 않다는 확실한 표시입니다. 어떤 사람이 이상, 명예, 혹은 신앙의 문제에서 양보한다면, 그 사람은 이상도, 명예도, 신앙도 없는 사람입니다.

395   어떤 하느님의 사람, 연로한 고참이 이렇게 논쟁을 걸었습니다.

왜 내가 그냥 넘어가지 않느냐고요?

물론! 그건 나의 이상이 진실임을 확신하기 때문이죠. 그런데 당신은 아주 타협적이시군요.

2+2가 3.5라는 데 동의하십니까? 아니라고요? 우정으로도 그런 사소한 것에 양보를 하지 않는다고요?

그건 그가 처음으로 무엇이 진리인가를 깨달았기 때문이죠…. 그래서 그는 내 편이 된 겁니다!

396   거룩한 고집은 옹졸함이 아닙니다.

397   교리와 행실에 확고부동한 사람이 되십시오. 그러나 태도는 온유하게 하십시오. 비단장갑 속의 쇠뭉치처럼 말입니다.

확고부동한 사람이 되십시오. 그러나 거친 사람은 되지 마십시오.

398   거룩한 고집은 단지 비타협만을 뜻하지는 않습니다. 그것은 '거룩한 비타협'입니다.

'거룩한 강요'도 있다는 것을 잊지 마십시오.

399   만일 어떤 사람이 자살하려고 할 때 강제로라도 막아서 목숨을 구한 것이 만인의 칭찬을 받는다면, 어리석게도 자신의 영혼을 죽이려고 하는 수많은 사람들의 '생명 영적'을 구하기 위한 똑같은 강요, 즉

'거룩한 강요'를 우리가 왜 못하겠습니까?

400 정의라는 이름으로 얼마나 많은 범죄가 저질러지고 있습니까! 만일 그대가 총기매매상이고, 어떤 사람이 그대의 어머니를 죽이려고 그대에게서 총 한 자루를 구입하려 한다면, 그대는 녀석에게 그걸 팔겠습니까?… 녀석이 그대에게 정당한 값을 치른다 해도?…
교수, 기자, 정치인, 외교관들은 묵상하십시오.

401 하느님과 담대함! 담대함은 경솔함이 아닙니다. 담대함은 만용이 아닙니다.

402 예수께 그대의 죄만 용서해달라고 청하지 마십시오. 그분을 그대의 마음으로만 사랑하지 마십시오.
지금까지 저질러왔고, 지금도 저지르고 있으며, 앞으로도 저지르게 될 모든 모욕에 대해 그분을 위로하십시오. 그분을 가장 사랑했던 모든 사람의 모든 마음과 모든 힘을 다해 그분을 사랑하십시오.
담대하십시오. 마리아 막달레나, 대 데레사, 소화 데레사보다 더 황홀한 사랑에 빠져있고, 아우구스티노와 도미니코와 프란치스코보다 더, 그리고 이냐시오와 사베리오보다 더 넋을 잃고 있다고 말씀드리십시오.

403 더욱 담대하십시오. 무엇이 필요할 때마다 먼저 "당신의 뜻이 이루

어지소서. Fiat."를 유념하고, 이렇게 말씀드리십시오. "예수님, 제게 이것을, 또 저것을 주세요." 왜냐하면 그것이 어린이들이 청하는 방법이니까요.

404 실패했다니! 우리는 결코 실패하지 않습니다. 그대는 전적으로 하느님만 신뢰했습니다. 어떤 인간적인 방법도 소홀히 하지 않았습니다. 이 사실을 깨달으십시오. 이번에는 실패하는 것이 그대의 성공이었습니다. 주님께 감사드리고, 다시 시작하십시오!

405 실패했다고요? 이 사실을 깨닫기 바랍니다. 그대는 결코 실패할 수가 없습니다.
그대는 실패하지 않았습니다. 그대는 경험을 얻은 것입니다. 앞으로 가십시오!

406 그것이 실패요, 재난인 이유는 그대가 우리의 정신을 잃어버렸기 때문입니다. 우리가 초자연적 동기들을 위해 행동하는 한 결과는 승리? 패배? 흥! '성공'이라는 단 하나의 이름만 갖고 있다는 것을 그대도 잘 알지 않습니까?

407 직분에 따른 권리를 개인의 권리로 혼동하지 마십시오. 전자는 결코 포기할 수 없는 것입니다.

408 사이비 성인은 성인이랑 다르고, 성당에 오래 머무는 것과 신심 깊은 것은 다릅니다. 흉내 내는 것일 뿐입니다.

409 그대가 지닌 덕이 성스러워 보일지라도, 평범한 그리스도인의 덕과 일치해있지 않다면, 그 덕은 아무 가치가 없다는 것을 기억합시다. 그것은 마치 속옷에 휘황찬란한 보석들을 다는 것과 같습니다.

410 그대가 지닌 덕이 떠들썩한 것이 아니기를.

411 많은 거짓 사도들이 자신들의 강론대로 살지 않으면서 예수님의 가르침 그 자체의 힘을 통해 사람들에게 좋은 일을 합니다.
그러나 그들의 이런 선행도 자신이 강론한 것을 실천하지 않는 것 때문에 비위가 상해 돌아서버린 다른 지도자들과 사도들의 영혼에 끼친 그 엄청난 해악을 보상할 수는 없습니다.
그렇기 때문에 성실한 삶을 살지 않는 사람들은 결코 앞줄에 나서지 말아야 하는 것입니다.

412 그대가 지닌 사랑의 불이 환영, 착각, 거짓의 불이 되지 않기를. 그것이 닿는 것에 불을 붙이지도 못하고, 열도 주지 못하니까요.

413 "당신을 섬기지 않겠다. Non serviam." 사탄의 이 말은 너무도 효과가 컸습니다. 그대는 기도할 때나 행동할 때 그런 반항의 외침을 누

르며 "저는 하느님 당신을 섬길 것이고, 끝까지 충성할 것입니다! Serviam!" 하고 외치고 싶은 고결한 충동을 느끼지 않습니까?

414 타락한 '하느님의 사람'은 얼마나 불쌍합니까! 그러나 미지근하고 세속적인 '하느님의 사람'은 얼마나 더 불쌍합니까!

415 세상이 승리나 패배라고 부르는 것에 너무 연연하지 마십시오. '승리자'가 마지막에 가서 패배하는 일이 얼마나 많습니까?

416 "나를 떠나서는 너희가 아무 것도 할 수 없다! Sine me nihil potestis facere!" 영원한 빛, 복음서로부터 나오는 나의 눈을 위한 새 빛, 새로운 광채.

내가 '나의'… 어리석음들을 보고 놀랄 수 있습니까?

이제 나는 모든 일을 예수님과 함께 하겠습니다. 그렇게 하면 나의 행위에 더 이상 어리석음은 없을 것입니다. 정확하게 말하자면, 나는 나의 것보다는 '우리의 것'을 말씀드릴 참입니다.

하느님의 사랑

417   하느님의 사랑보다 더 참된 사랑은 없습니다!

418   가장 초라한 일, 가장 굴욕적인 일까지도 고귀하게 만드는 비결은 사랑하는 것입니다.

419   어린이… 환자…. 이런 단어를 쓸 때, 대문자로 쓰고 싶은 충동을 느끼지 않습니까?
그 이유는 사랑에 빠진 영혼에게는 작은 어린이들과 환자들이 곧 그분이기 때문입니다!

420 하느님께 봉헌하기엔 인생이 참 보잘것없구나!

421 친구는 보물입니다. 그렇다면, 거룩한 친구인 주님은…? 그대의 보물이 있는 곳에 그대의 마음이 있습니다.

422 예수님은 그대의 친구입니다. 단 한 명뿐인 '거룩한 친구'. 그대처럼 살로 된 심장을 지니시고 라자로를 위해 눈물을 흘리신 지극히 사랑스러운 눈을 지니신… 그리고 라자로를 사랑하신 것처럼 그분은 그대를 사랑하십니다.

423 나의 하느님, 저는 당신을 사랑합니다. 그러나… 아, 제게 사랑하는 법을 가르쳐주십시오.

424 하느님의 사랑을 위하여 벌을 가하는 것. 사람들이 받아 마땅한 벌을 초자연적 차원으로 끌어올리는 비결입니다.
모욕을 당하신 하느님의 사랑에 보답하기 위해 벌이 보속이 되게 합시다. 이웃사랑을 위한 하느님을 위한 벌은 절대 보복이 아니라 구원의 약입니다.

425 나의 하느님, 당신께서 저를 그토록 사랑하신다는 것을 알고서도, 제가 아직 미치지 않았다니요!

426   그리스도 안에서 우리는 모든 이상적인 것을 찾을 수 있습니다. 왜 나하면 그분은 왕이시고, 사랑이시며, 하느님이시기 때문입니다.

427   주님, 저로 하여금 모든 일에 균형과 격조를 지니게 해주십시오. 하 느님을 사랑하는 일은 제외하고 말입니다.

428   사랑이, 심지어 인간의 사랑도 지상에서 위안을 준다면, 천국에서 하느님의 사랑은 어떠하겠습니까?

429   하느님의 사랑을 위해 한 모든 일은 아름다움과 위대함을 지닙니다.

430   예수님, 제가 모든 일에는 꼴찌가 되게 해주시고… 사랑하는 일에는 첫째가 되게 해주십시오.

431   하느님의 정의를 두려워하지 마십시오. 그분의 정의와 자비는 경탄 스럽고, 사랑스러운 것입니다. 둘 다 그분의 사랑을 증명합니다.

432   생각해보십시오. 지상에서 가장 아름답고 고귀한 것을… 이해력과 다른 능력들을 충족시키는 것을… 육신과 감각들을 즐겁게 해주는 것을…
그리고 이 세상을, 밤이 되면 빛나는 다른 세계, 우주 전체를.
그것이 마음이 열망하는 모든 것을 만족시켜주는 것들과 함께라도,

나의! 그대의! 하느님과 비교하면 아무런 가치도 없고, 아무것도 아니고, 아무것도 아닌 것보다도 못한 것입니다.

무한한 보물, 값진 진주…. 당신이 태어나길 원하셨던 그 마구간에서 종의 모습을 취하여 아무것도 아닌 것으로 작아지셨고… 요셉의 작업장에서, 당신의 수난에서, 당신의 모욕적인 죽음에서, 열절한 사랑 안에서, 그리고 복된 성체 안에서 당신을 낮추셔서 노예가 되셨습니다.

433   하느님의 사랑으로 살아가십시오. 그러면 그대는 패했을지라도 내적 생활의 *나바스와 **레판토에서 항상 승리할 것입니다.

434   그대의 적이 쳐놓은 덫으로부터 하느님의 은총이 그대를 매일 풀어주시어 자유롭게 해주시는 것을 생각하면서 그대의 마음에 사랑과 감사가 넘쳐 흐르게 하십시오.

435   "하느님을 두려워하는 것은 거룩하다. Timor Domini sanctus." 이 두려움은 아들이 아버지에 대해 갖는 존경심이지, 결코 노예가 갖는 두려움이 아닙니다. 왜냐하면 그대의 아버지, 하느님은 폭군이 아니시기 때문입니다.

---

* **나바스** : 1212년 남부 스페인에서 일어난 전투로 유명하다. 이베리아 반도에 있던 그리스도인 왕국의 군대가 안달루시아와 북 아프리카의 모슬렘을 쳐부셨다.

** **레판토** : 1571년 터키와 그리스도인 함대 사이에 지중해에서 일어난 해상 전쟁. 그리스도인 함대가 승리했다.

436 사랑의 아픔. 그분은 선하시기 때문에, 그대에게 자신의 생명을 주신 친구이기 때문에, 그대가 갖고 있는 선한 것이 모두 그분의 것이기 때문에, 그대가 그토록 많은 모욕을 드렸기 때문에…. 그분이 그대를 용서해주셨기 때문에. 그분이! 그대를 용서하셨습니다!

우십시오, 나의 영적 자녀여, 사랑의 아픔으로.

437 만일 어느 사람이 나를 죽음에서 구하려고 죽었다면!…

하느님이 죽으셨습니다. 그런데도 나는 무관심합니다.

438 미친 사람! 나는 그대를 보았습니다. 나는 그대가 주교좌 성당 안에서, 그대는 자신이 혼자 있다고 생각했습니다. 새로 구입한 성작과 성반 하나하나에 입맞추는 것을 보았습니다. 주님께서 맨 처음 '내려 오실 때' 그 성물들에서 그대의 입맞춤을 발견하시게 하려고.

439 거룩한 아픔이 하느님 사랑의 시금석임을 잊지 마십시오.

애 덕

440   그대가 그대의 일을 끝냈을 때, 그리스도를 위해 그대 형제의 일을
도와주되, 아주 상냥하고 자연스러워 그대가 감당할 몫 이상의 일을
돕고 있음을 심지어 당사자도 눈치채지 못하게 하십시오.
이것이야말로 하느님의 아들이 지닌 세심한 덕입니다!

441   그대는 그대를 향한 애덕이 부족한 이웃 때문에 마음이 상했습니다.
그렇다면 그대가 하느님께 드리는 애덕 거룩한 사랑이 부족해서, 그
분께서는 얼마나 마음 아프셨겠습니까?

442　어느 누구도 나쁘게 생각하지 마십시오. 설령 그 사람의 말과 행실이 그럴 만하다 해도 그래선 안됩니다.

443　부정적인 비판을 하지 마십시오. 칭찬해줄 수 없다면, 입을 다무십시오.

444　그럴 만한 이유가 많다 해도 그대의 형제를 헐뜯지 마십시오. 먼저 감실로 가십시오. 그러고 나서 그대의 영적 아버지인 사제에게 가서, 그대를 괴롭히고 있는 내용을 털어놓으십시오.
　　그밖에 어느 누구에게도 가지 마십시오.

445　험담은 사도직을 더럽히고 방해하는 쓰레기입니다. 그것은 애덕에 거슬리고, 힘을 빼앗고, 평화를 앗아가며, 하느님과 일치하지 못하게 합니다.

446　그대에게도 결점이 아주 많으면서 다른 사람의 결점들을 보고 왜 이상해합니까?

447　얼마나 많은 사람들이 인생을 완전히! 낭비하고 있는가. 쉼없이 지껄이고 또 지껄이면서. 그 모든 지껄임의 결과들이란! 나는 그 결과들을 목격한 후, 침묵이 얼마나 필요하고 또 사랑스러운 것인가를 더 잘 알게 됐습니다.

그리고 주님, 저는 더 잘 이해하게 됐습니다. 당신이 왜 쓸데없이 지 껄이는 말은 모조리 심판에 부치겠다고 하셨는지 말입니다.

448 말하는 것이 실천하는 것보다 쉽습니다. 도끼처럼 싹뚝 잘라버리는 그런 혀를 갖고 있는 그대는 우연히라도, 남들이 그대의 '권위적인' 의견대로 잘해내지 못한다고 생각되는 것들을 '잘' 해보려고 시도 한 적이 있습니까?

449 그것은 이런 것으로 밝혀졌습니다. 수군거림, 뒷공론, 고자질, 험담, 뒷북치기, 혹은 중상? 아니면 배반? '판단의 직무'에 있지 않은 사람들이 불필요한 판단을 할 때, 그 판 단은 '노파의 쑥덕거림'으로 끝날 뿐입니다.

450 '정의롭다'는 사람들의 부당함이 하느님을 얼마나 아프게 하고, 또 얼마나 많은 영혼에게 해를 끼치는지. 그리고 그것이 다른 사람들을 얼마나 성화시키는지!

451 판단하려고 하지 맙시다. 각 사람은 자신의 사고와 한정된 이해력을 가지고, 격정에 휩싸여 종종 침침하고 구름이 낀 눈을 통해 자신의 관점에서 사물을 봅니다. 게다가 어떤 사람들은, 추상화가처럼 매우 주관적이고 병적이어서 아무렇게나 붓을 몇 번 휘둘러놓고는 이 그림이 우리의 초상화이며

행동양식이라고 억지를 부립니다….

사람들의 판단은 얼마나 무가치한지 모릅니다!

기도로 식별하지 않고서는 판단하지 마십시오.

452   필요하다면 그대를 모욕한 사람들을 처음부터 용서하려고 노력하십시오. 왜냐하면 그대가 받은 손해나 모욕이 아무리 크다 해도, 주님이 그대를 더 많이 용서하셨기 때문입니다.

453   뒷북치기? 그러면 그대는 훌륭한 정신을 잃게 될 것이며, 만일 그대가 침묵함을 배우지 않는다면, 그대의 단어 하나하나는 그대를 그대가 맡은 사도직으로부터 출구쪽으로 내모는 발걸음이 될 것입니다.

454   양쪽 말을 다 듣기 전에는 판단하지 마십시오. 스스로 신심이 깊다고 생각하는 사람들조차 이 기본적인 신중함의 규칙을 쉽게 망각합니다.

455   눈을 붕대로 감은 채 돌을 던지는 것으로 그대가 무슨 손해를 끼칠 수 있는지 알고나 있습니까?

그대가 남을 생각할 줄 모른다거나 격정으로 인해 눈이 가려졌기 때문에 그대에게 아주 사소해보이는 말들을 수군수군 내뱉음으로써 초래될 손해를, 때로는 엄청난 손해를, 그대는 모르고 있습니다.

456 비판하는 것, 파괴하는 것은 어렵지 않습니다. 말단 석공도 대성당의 고상하고 아름다운 돌에 연장을 대고 구멍을 뚫을 수는 있습니다.

그러나 만들어내는 것, 그것은 거장의 손길을 요구합니다.

457 그대가 누구라고 윗사람의 결정이 올바른지 판단합니까? 판단하는 데 필요한 정보를 그대보다 그가 더 많이 갖고 있다는 것을 모릅니까? 그는 경험도 더 많습니다. 올바르고, 현명하며, 공정한 조언자도 더 많습니다. 그리고 무엇보다도 더 많은 은총을, 직분에 따른 특별한 은총을 갖고 있는데, 그 은총은 성령의 빛과 하느님의 강력한 도우심입니다.

458 세상의 이기심과 부딪쳐보면 그대가 형제들의 우애를 한층 소중히 여기게 될 것입니다.

459 그대의 사랑은… 과시적입니다. 멀리서는 끌어당깁니다. 빛이 있기 때문입니다. 그런데 가까이에서는 밀어냅니다. 그대의 온기가 부족하기 때문입니다. 얼마나 안타까운지!

460 "형제의 도움을 받는 이는 성벽으로 둘러싸인 도시처럼 견고하다. Frater qui adjuvatur a fratre quasi civitas firma."

이 말씀을 잠시 묵상하십시오. 그리고 내가 그대에게 늘 권고하는 형제애를 실천하겠다고 결심하십시오.

461 내가 부단히 강론하는 그 복된 형제애 정신을 그대가 실천하지 않는 것을 본다면, 나는 성 요한의 이 사랑에 찬 말씀을 상기시키겠습니다. "사랑하는 작은 자녀들이여, 우리는 말로나 혀 끝으로 사랑하지 말고 행동으로 진실하게 사랑합시다. Filioli mei, non diligamus verbo neque lingua, sed opere et veritate."

462 애덕의 힘!
만일 그대가 그 복된 형제애 정신을 실천한다면, 그대들 상호간의 나약함조차 의무를 바르게 수행할 수 있도록 지탱해 줄 것입니다. 카드로 세워놓은 집에서, 하나의 카드가 다른 카드를 지탱하듯이 말입니다.

463 애덕은 '주는 것' 보다 '이해하는 것' 입니다. 이웃을 위해, 언제나 있기 마련인 너그러운 변명을 찾아보십시오. 더구나 판단이 그대의 임무라면 말입니다.

464 그 사람의 영혼이 위험에 처했다는 것을 알고 있다고요? 그대는 멀리서, 일치의 삶을 통해, 그를 효과적으로 도울 수 있습니다. 그를 도우십시오. 그러고 나서는 근심하지 마십시오.

465 형제들에 대한 염려는 좋다고 생각합니다. 그것은 상호간 애덕의 증거입니다. 그렇지만 그대의 염려가 근심으로 악화되지 않도록 조심하십시오.

466 그대는 내게 이렇게 편지했습니다.

"대체로 사람들은 돈에 너그럽지 못합니다. 말하기 좋아하고, 법석을 떨고, 약속과 계획은 곧잘 합니다. 그러나 희생이 요구되는 시점에 자신의 어깨를 내주는 사람은 소수에 지나지 않습니다. 설령 희사를 하더라도 춤, 복권, 영화, 쇼와 같은 어느 행사를 통해서 하거나, 혹은 신문 지상에 발표하거나 기부금 납부자 명단에 올리려 합니다."

그것은 슬픈 일입니다. 그러나 예외도 있습니다. 그대도 자선을 베풀 때는 자기의 오른손이 하는 일을 왼손이 모르게 하는 사람들 가운데 하나가 되십시오.

467 서적. 그리스도를 갈망하는 가난한 사람들 가운데 하나처럼 나는 손을 뻗쳤습니다. 책을! 많은 젊은 학생들에게 가톨릭적이며, 사도적, 로마적인 정신을 길러줄 양식이 될 책을 구걸했습니다.

나는 그리스도의 가난한 사람처럼 손을 뻗쳤습니다. 그러나 매번 얼마나 실망스러웠는지!

예수님, 왜 사람들은 이해하지 못할까요? 최고급 빵을 주는 것보다 더 효과적인, 이 자선이 지닌 그리스도인의 심오한 애덕을 말입니다.

468   그대는 너무 순진합니다. "진정으로 애덕을 실천하는 사람들은 극소수입니다! 애덕을 실천하는 것은 낡은 옷가지나, 혹은 동전 몇 닢을 내놓는 것이 아닙니다."라고 말하면서 그대는 내게 슬픔과 환멸을 느꼈던 이야기를 해줍니다.

한 가지 생각이 떠오를 뿐입니다. 그대와 내가, 아낌없이 주고 또 우리 자신을 내놓읍시다. 그러면 우리를 접하는 사람들이 그대처럼 그런 슬픈 체험을 하지 않을 것입니다.

469   "성도들에게 문안해주십시오. 모든 성도가 여러분에게 문안합니다. 에페소에 계시는 모든 성도, 필립비에 계시는 모든 예수님의 성도에게."

'성도들!' 초기 그리스도인들이 서로 부를 때 사용했던 이 말이 얼마나 감동적인지 모릅니다!

그대의 형제들을 대하는 법을 배우십시오.

방 법

470 비결이 뭐냐고요?

베드로와 바울로, 도미니코와 프란치스코, 이냐시오와 하비에르의 것과 똑같습니다.

십자가와 복음. 혹시 그것들이 시시해보입니까?

471 사도직을 수행할 때 세상이 그대에게 제공한 어떤 방법 $2+2=4$을 고려하는 것은 좋습니다. 그것은 의무입니다. 그러나 다행히도 그대의 계산법에는 반드시 또 하나의 수가 붙는다는 점을 결코 잊지 마십시오. 하느님$+2+2\cdots$.

472   하느님을 올바르게 섬기십시오. 그분께 충성하십시오. 그리고 그밖에 어떤 것도 걱정하지 마십시오. 왜냐하면 "하느님의 나라와 정의를 구한다면, 하느님께서 다른 모든 것 물질적인 것과 방법까지도 곁들여주실 것이다."라고 하신 것은 위대한 진리입니다.

473   자신의 나약함을 깨닫는 데서 생겨나는 그런 절망감을 멀리 던져버리십시오. 사실 재정적으로 그대는 제로0이고, 사회적으로 또 제로, 성덕에 있어서 또 제로, 재능에 있어서 또 제로입니다….
그러나 이런 제로들의 왼쪽에 그리스도께서 계십니다…. 그러니 결국에는 얼마나 어마어마한 숫자로 바뀝니까!

474   그대는 하찮은 사람에 지나지 않습니다. 남들은 경탄할 만한 조직과, 출판과 언론사업을 세웠고, 또 세우고 있습니다. 그들은 모든 방법을 갖추었는데 그대는 아무것도 없다고요? 자, 그렇다면 이냐시오를 기억하십시오.
그는 알칼라 Alcala의 박사들 중에서는 무식한 축이었습니다. 파리의 학생들 중에서는 가난하고 쪼들리는 편이었습니다. 그는 박해를 당했고, 비난을 받았습니다….
이것이 길입니다. 사랑하고, 믿음을 가지고, 그리고… 고통 당하는 것! 그대의 사랑과 그대의 믿음과 그대의 십자가야말로 마음에 품고 있는 사도직을 위한 불타는 열망을 지속시키고 또 사도직을 효과 있게 해주는 확실한 방법들입니다.

475 그대는 자신이 비참한 인간이라는 것을 알고 있습니다. 사실 그대는 비참합니다. 그런데도, 아니 오히려 그것 때문에 하느님께서 그대를 찾으셨습니다.

그분은 언제나 부적절한 도구들을 쓰십니다. 그 '사업'이 그분의 일이라는 것을 드러내시려고 말입니다.

그분은 그대의 순종만 바라십니다.

476 그대가 진정으로 하느님께 헌신할 때, 그 어떤 어려움도 그대의 낙관적인 생각을 뒤흔들 수 없을 것입니다.

477 그대는 왜 마음속에 그런 구석들을 남겨놓습니까? 그대가 완전히 헌신하지 않는 한 그대는 남들을 하느님께 데려갈 수가 없습니다.

그대는 참으로 가엾은 도구입니다!

478 여기까지 와서 하느님께서 원하시는 일을 계속하려면 권력 실세들의 승인, 호의, 위로가 필요하다고요?

권력 실세들은 자주 바뀌지만, 그대는 꾸준해야 합니다. 만일 그들이 도와주면 고맙게 생각하십시오. 그러나 설령 그들이 그대를 경멸한다 해도, 침착하게 그 길을 계속 걸어가야 합니다.

479 신경쓰지 마십시오. '신중한' 사람들은 항상 하느님의 일들을 미친 짓이라고 불렀습니다.

담대하게 앞으로 가십시오!

480   보입니까? 한 가닥 한 가닥씩 많은 노끈 가닥을 서로 단단하게 꼬아 놓은 저 밧줄은 엄청난 무게를 들어올릴 만큼 강합니다.
그대와 그대의 형제들이 하느님의 뜻을 실천하기 위해 서로 뜻을 합친다면 모든 장애물을 극복할 수 있을 것입니다.

481   그대가 하느님만을 찾으면서 열의를 갖고 일하고자 한다면, 어느 좋은 친구가 말한 이 원칙을 실천할 수 있습니다. "빚을 질지라도 필요하다면 써야한다."

482   막강한 힘을 가진 전 세계가 그대를 반대한다 해도 무슨 상관입니까? 전진하십시오!
시편의 다음 구절을 반복해서 암송하십시오. "주님은 나의 빛, 나의 구원이시니, 내가 누구를 두려워하랴…. Si consistant adversum me castra, non timebit cor meum…. 그 군대 진을 치고 에워쌀지라도 나는 조금도 두렵지 아니하리라…."

483   용기를 내십시오. 그대는 할 수 있습니다! 잠을 못이기고, 겁 많고, 주님을 배반한 베드로에게 하느님께서 어떤 은총을 베푸셨는지, … 또 적개심에 타오르고, 고집불통이고, 주님을 박해하던 바울로에게 무슨 은총을 베푸셨는지를 보지 못했습니까?

484 금이나 강철, 백금이나 쇠 같은 도구가 되십시오. 큰 것도 있고, 작은 것도 있습니다. 섬세한 것도 있고, 거친 것도 있습니다.

다 쓸모가 있습니다. 저마다 그 역할이 있습니다. 누가 목수의 톱이 의사의 핀셋보다 덜 유용하다고 말하겠습니까?

그대의 의무는 도구가 되는 것입니다.

485 좋아요, 그래 어떻다는 겁니까? 맨 처음 그대를 끌어당긴 하느님의 불은, 그대에게 열정을 불러일으켰던 빛과 열기를 주는 것 외에, 가끔 도구가 나약해서 연기도 뿜어내기 마련입니다. 그런데 속으로 자신이 완전하다고 생각할 만큼 교만하지 않다면 그 이유만으로 그대가 영혼을 위한 사도직을 그만둔다는 것은 이해할 수가 없습니다.

486 일. 일이 있습니다. 연장들이 녹슬어선 안됩니다. 녹과 곰팡이를 방지할 수 있는 '규칙들'도 있습니다. 그것을 실천만 하십시오.

487 사도직 사업에 닥쳐오는 경제적 문제로 잠을 설치지 마십시오. 하느님을 더욱 신뢰하십시오. 그대가 할 수 있는 인간적인 모든 방법을 써보십시오. 그러면 그대는 돈 문제가 얼마나 빨리 사라지는지 보게 될 것입니다!

488 '도구'가 부족하다고 일을 중단하지 마십시오. 할 수 있는 일부터 우선 시작하십시오. 그 후에 기능이 기관을 새롭게 만듭니다. 어떤

경우에는 이전에 쓸모 없었던 것이 적합하게 될 것입니다. 나머지 경우는 고통스럽긴 해도 수술로 그 기능을 계속하게 합니다. 성인들은 모두 훌륭한 '외과의사'였습니다!

489 살아있고 깊은 믿음. 베드로의 믿음과 같은. 그대가 이 믿음을 지닐 때 주님께서 말씀하셨듯이 그대는 사도직에서 맞닥뜨리는 인간적 한계를 넘는 장애물, 즉 산이라도 번쩍 들어 옮기게 될 것입니다.

490 올바른 마음과 착한 의지. 이 두 가지와 하느님이 원하시는 것을 수행하는 데 마음이 쏠려있다면, 그대는 하느님 사랑에 대한 그대의 꿈이 실현되고 영혼에 대한 그대의 굶주림이 너끈히 채워지는 것을 보게 될 것입니다.

491 "저 사람은 목수의 아들 아닌가? 저 사람은 마리아의 아들 목수 아닌가? Nonne hic est fabri filius? Nonne hic est faber, filius Mariae?"
예수께 대한 이 말. 그대가 '결정적'으로 하느님의 뜻을 수행하려고 할 때, 하느님의 도구가 되기로 마음 먹었을 때, 그대는 놀람과 조롱 섞인 이 말을 들을 가능성이 아주 많습니다. "저 사람은 그 사람 아닌가…?"
아무 말도 하지 마십시오. 그대가 하고 있는 일이 그대의 사명을 입증하게 하십시오.

성모님

492 성모님께 대한 사랑은 싸늘하게 식은 그대 마음의 재 밑에 숨어있는 밑불이 다시 활활 타오르게 해주는 바람이 될 것입니다.

493 성모님을 사랑하십시오. 그러면 그대가 나날의 투쟁에서 승리할 수 있도록 풍부한 은총을 얻어주실 것입니다.

악마가 그대의 마음속에 심술을 부글부글 끓어올려 그리스도께서 그대 마음속에 넣어주신 고상한 결의와 높은 이상을 그 향기로운 유혹에 빠지게 하려 해도, 놈은 아무 것도 못 얻을 것입니다.

"나는 하느님을 섬기겠습니다! Serviam!"

494 마리아님께 속하십시오. 그러면 그대는 우리 편이 될 것입니다.

495 언제나 마리아님을 통해 예수께 가고, 또 예수께 '되돌아' 갑니다.

496 문학에서, 정치에서, 군대에서, 교회에서(!) 뛰어난 인물들이 자신의 친척이 된다는 사실을 알아줄 때 사람들은 얼마나 좋아합니까! 원죄없으신 마리아님을 찬미하십시오. 그분을 이렇게 떠올리면서.
기뻐하소서, 마리아님, 성부 하느님의 따님이시여!
기뻐하소서, 마리아님, 성자 하느님의 어머니시여!
기뻐하소서, 마리아님, 성령 하느님의 배필이시여!
당신보다 더 위대하신 분은 하느님 한 분밖에 없습니다!

497 그대의 어머니 그대는 여러 호칭으로 볼 때 그분의 것이기 때문에 그분께 이렇게 말씀드리십시오. "나의 어머니, 당신의 사랑으로 저를 당신 아드님의 십자가에 매달리게 해주십시오. 우리 예수님의 뜻을 실천하는 데 있어 믿음이 부족하지 않게 해주시고, 용기도, 담대함도 부족하지 않게 해주십시오."

498 그대가 일생 동안 범한 모든 죄들이 마구 들고 일어나는 것 같습니다. 불신하지 마십시오! 오히려 어머니이신 마리아님을 부르십시오. 믿음과 어린이다운 신뢰를 가지고 말입니다. 그분께서는 그대의 영혼에 평온을 가져다주실 것입니다.

499 하느님의 어머니, 지극히 거룩하신 마리아께서는 그분 동네 여인들 중 한 사람으로 눈에 띄지 않게 살아가십니다.

그분에게서 '자연스럽게' 살아가는 법을 배우십시오.

500 가슴에 성스러운 갈멜 스카풀러를 착용하십시오. 성모님에 대한 훌륭한 신심은 많지만, 이것처럼 신자들 사이에 깊이 뿌리박혀 있고, 또 역대 교황님들의 강복을 풍부히 받은 신심은 별로 없습니다. 게다가 첫 토요일의 특전은 얼마나 모성애 넘치는 은총입니까!

501 어떤 성모상이 가장 신심을 불러 일으키는가 하는 질문에 그대가 망설임 없이 "모든 성모상이 다 그렇습니다." 하고 대답하는 것을 보고 나는 그대가 착한 아들이라는 것을 알았습니다.

"모든 성모상이 나를 사랑에 빠지게 합니다."라고 그대는 말했습니다. 그대가 착한 아들이기에 그대 어머니의 모든 모습이 좋게 보이는 것입니다.

502 기도의 스승이신 마리아님. 보십시오, 가나에서 그분이 아드님께 어떻게 간청하시는가를. 그리고 어떻게 조르시는가를. 자신있게, 인내심을 갖고…. 그리하여 어떻게 응답을 받아내시는가를. 배우십시오.

503 마리아님의 고독. 홀로이십니다!…. 그분은 우십니다. 외롭게. 그대와 나는 성모님을 따라야 하며 또 함께 울어야 합니다. 왜냐하면 우

리 죄가 예수님을 십자가에 못박았기 때문입니다.

504 그대의 마음이 육정에 휩쓸리는 것을 느낄 때, 신뢰심을 갖고 순결한 사랑의 표상, 거룩한 동정녀이신 마리아께 의탁한다면, 그분께서는 마음을 진정시켜주실 것입니다.

505 단체건 개인이건 성모님을 사랑하는 것은 좋은 정신을 갖고 있다는 것을 증명합니다.
이 특징이 결여된 일은 믿지 마십시오.

506 통고의 성모님. 그대가 그분을 묵상할 때, 그분의 성심을 들여다보십시오. 그분은 마주보고 있는 두 아들의 어머니이십니다. 예수님과… 그리고 그대.

507 나의 거룩하신 어머니 마리아님은 얼마나 겸손하신가! 그분 모습은 예루살렘의 종려나무 사이에서도 볼 수가 없으며, 위대한 기적이 일어난 시각에도 마찬가지입니다. 가나의 첫 기적은 제외하고
그러나 그분은 골고타의 멸시에서 도망치지 않으십니다. 그분은 어머니로서 "예수님의 십자가 곁에 Juxta crucem Jesu" 서 계십니다.

508 마리아님의 용기에 탄복하십시오. 십자가에 달리신 예수님의 발치에서, 가장 큰 인간의 슬픔을 그만한 슬픔은 없습니다 꿋꿋이 견뎌내십

니다.

그분께 그와 같은 인내를 청하십시오. 그러면 그대도 십자가 가까이에 남아있는 법을 배우게 될 것입니다.

509 조용하고 숨어계신, 희생의 스승이신 마리아님!

거의 언제나 드러나지 않게 당신 아드님께 협조하시는 그분을 보십시오. 그분은 아시면서도 침묵하십니다.

510 그분께서 얼마나 단순하게 "보소서, 이 몸은 주님의 종입니다! Ecce ancilla!" 하셨는지 알고 있겠지요? 그리하여 말씀이 사람이 되셨습니다.

성인들도 그렇게 했습니다. 과시함 없이. 과시했다면 무심코 했을 뿐입니다.

511 "마리아, 두려워하지 마라! Ne timeas, Maria!"

성모님께서도 대천사 앞에서 두려워하셨습니다. 그러니 내가 내 순결의 방패인 조심스러운 마음을 어떻게 내팽개치겠습니까!

512 오 어머니, 어머니! 당신이 "그대로 제게 이루어지소서. Fiat"라고 말씀하셨기에 우리를 예수님의 형제가 되게 하시고 그분 영광의 상속자가 되게 하셨습니다. 축복받으십시오!

513 전에는, 그대 혼자서는 할 수가 없었습니다. 이제 성모님께 위탁했으니 그분과 함께, 얼마나 쉽게 할 수 있는지 모릅니다!

514 신뢰하십시오. 돌아오십시오. 성모님께 호소하십시오. 그러면 그대는 충실할 수 있습니다.

515 가끔 힘이 모자란다고요? 왜 그대의 어머니께 말씀드리지 않습니까?

"근심하는 이의 위안이시며, 신자들의 도움이시여, …우리의 희망이시여, 사도들의 모후시여! Consolatrix afflictorum, auxilium christianorum…. Spes nostra, Regina apostolorum!"

516 "어머니!" 큰 소리로 그분을 부르십시오. 그분은 그대의 음성을 듣고 계십니다. 그분은 위험에 처한 그대를 보고 계십니다. 그대의 거룩한 어머니인 그분은 틀림없이 당신 아드님의 은총과 더불어 그대를 안전한 두 팔로 안아 부드럽게 어루만져주실 것입니다…. 그러면 그대는 새로운 투쟁을 위한 힘을 얻게 될 것입니다.

성교회

517 "Et unam, sanctam, catholicam, et apostolicam Ecclesiam!"

그대가 기도드릴 때 이 단어들에 맛들이느라 잠시 멈춘다는 것을 나는 잘 이해합니다.

"나는 믿나이다. 하나이며, 거룩하고, 보편되고, 사도로부터 이어오는 성교회를!"

518 내 영혼의 열정을 다해 이렇게 말할 수 있어 얼마나 기쁜지 모릅니다. 나는 나의 어머니이신 성교회를 사랑합니다!

519   "나는 하느님을 섬기겠습니다! Serviam!" 그 외침은 재산, 명예, 목숨을 바쳐서라도 하느님의 교회를 충실하게 섬기겠다는 그대의 결심입니다.

520   보편적, 사도적, 로마적! 나는 그대가 자못 로마적인 사람이 되고, "베드로를 알현하려고 videre Petrum" 로마를 '순례' 하는 것을 갈망하기 바랍니다.

521   교회에 성사를 남겨주신 그리스도는 얼마나 선하신지 모릅니다! 그것은 각각의 필요에 알맞은 처방입니다.
그것을 공경하고 주님과 그분의 교회에 감사드리십시오.

522   교회의 거룩한 전례와 예식에 공경심을 보이고 존경하십시오. 또 그것을 충실히 지키십시오. 비참한 우리 인간들에게는 가장 위대하고 고귀한 것도 감각을 통해서 들어온다는 사실을 모릅니까?

523   교회가 성가를 부르는 것은 말만으로는 기도를 충분히 할 수 없기 때문입니다. 그대도 그리스도인, 선택받은 그리스도인으로서 전례 성가를 배워야 합니다.

524   "노래가 터져나오도록 합시다!" 자신의 성직을 통해 주님께서 이루신 놀라운 일들을 지켜본 후에, 사랑에 빠진 어느 영혼은 그렇게 외

쳤습니다.

그와 똑같은 충고를 나는 그대에게 주겠습니다. "노래를 부르십시오! 하느님께 대한 감사의 열정이 하모니로 흘러넘치게 하십시오."

525 '가톨릭적'이 된다는 것은 조국을 사랑하는 것이고, 그 사랑에 있어 어느 누구도 우리를 앞지를 수 없게 하는 것입니다. 동시에 다른 모든 나라의 고귀한 염원들을 우리 것으로 삼는 일입니다. 얼마나 많은 프랑스의 영광이 나의 영광입니까! 그리고 독일인들이, 이탈리아인들이, 영국인들이, 미국인들과 아시아인들과 아프리카인들이 자부심을 느끼는 것들에 나 또한 자부심을 느낍니다.

가톨릭! 그것은 위대한 마음이자 열린 정신입니다.

526 만일 그대가 사제직과 수도직에 최상의 존경심을 갖고 있지 않다면, 그대가 하느님 교회를 사랑한다는 것은 사실이 아닙니다.

527 베다니아의 나병환자 시몬의 집에서 주님의 머리에 값진 향유를 부었던 그 여인은, 하느님을 흠숭하는 데 관대해야 함을 상기시킵니다.

모든 호화스러움과 장엄함과 아름다움도 내게는 시시해 보입니다.

그리고 성작, 제의, 제단의 호화로움을 공격하는 사람들을 일깨우는 예수님의 칭찬이 들립니다. "나에게 갸륵한 일을 했다. Opus enim bonum operata est in me."

미사성제

528 사도적인 사람이 지닌 아주 중요한 특징은 미사에 대한 사랑입니다.

529 "미사가 길어요." 그대는 이렇게 말했는데, 나는 이렇게 대답합니다. "그대의 사랑이 짧기 때문입니다."

530 많은 그리스도인은 사회생활에서는 느긋하게 여가를 즐깁니다. 여기서는 서두르지 않습니다. 직업적인 활동에서, 식사할 때와 오락을 즐길 때 여기서도 서두르지 않습니다. 그들은 또한 무척 느긋합니다. 그러나 그런 그리스도인들이 제대의 가장 거룩한 시간에 봉헌된 시간을 줄

이려는 생각에 그처럼 조급함을 보이고 사제를 재촉하니 이상하지 않습니까?

531 어떤 연로하신 주교님이 직접 서품을 준 새 사제들에게 눈물을 흘리면서 당부했습니다. "나를 봐서라도 예수님을 잘 대접하십시오. 예수님을 잘 대접하시오."
주님, 수많은 그리스도인의 귀와 마음에 그 말을 외칠 수 있는 권위와 목소리를 제가 가졌다면 얼마나 좋겠습니까!

532 훗날 순교했던 그 젊은 신부는 제대 아래서 울고 있었습니다. 대죄 상태에서 성체를 영하러 왔던 어느 영혼을 생각하면서 말입니다! 그대도 주님께 그렇게 보속을 드립니까?

533 예수님의 겸손. 베들레헴에서, 나자렛에서, 갈바리아에서. 그러나 거룩한 성체 안에서는 구유에서보다도, 나자렛에서보다도, 십자가에서보다도 더 많이 겸손하시고 더욱 자신을 낮추십니다.
그러니 미사를 사랑해야 하는 책임이 얼마나 큰지! '우리'의 미사… 예수님

534 "성체를 매일 영한 지 많은 해가 흘렀는데 다른 이들은 벌써 성인이 되었을 텐데 저는 항상 이 모양입니다!"라고 그대가 말했습니다.
나는 대답했습니다. 나의 자녀여, 계속 매일 성체를 모시면서 생각

하시오. 성체를 모시지 않았다면, 과연 나는 어떻게 됐을까?

535 영성체, 일치, 교감, 신뢰, 말씀, 빵, 사랑.

536 성체를 모시십시오. 그것은 불경스러운 것이 아닙니다. 그대가 그 '유혹' 을 극복했으니 바로 오늘 성체를 모시십시오.
예수님께서 하신 말씀을 잊었습니까? 의사가 필요한 사람은 건강한 사람이 아니라 환자입니다.

537 그대가 감실로 다가갈 때 그분께서는 20세기 동안이나 그대를 기다리셨다는 사실을 기억하십시오.

538 그분이 저곳에 계십니다. 왕 중 왕이시고 주님 중의 주님이십니다. 그러나 빵 속에 숨어계십니다.
그대를 위한 사랑 때문에 지극히 겸손되이 자신을 낮추신 것입니다.

539 그분께서는 그대를 위해 이곳 지상에 남아계십니다. 만일 성체를 모실 준비가 됐는데도 영성체를 하지 않는다면 경의를 표하는 것이 아닙니다. 유일한 불경은 그분을 부당하게 모시는 것입니다.

540 신영성체는 얼마나 많은 은총을 주는 원천인지 모릅니다! 자주 이를 실천하면 그대는 하느님의 현존을 더 깊이 체험하고 그대의 모든

활동에서 그분과 더 긴밀하게 일치할 것입니다.

541 신심행위에도 예절이 있습니다. 그것을 배우십시오. 매일 미사에 참
례하면서도 미사 참례하는 법도 모르고 성호 긋는 법도 모르고, 그들
은 서둘러 묘한 몸짓을 합니다 감실 앞에서 무릎 꿇는 법도 모르고, 그들
의 우스꽝스러운 장궤는 조롱처럼 보입니다 성모상 앞에서 공손히 머리
숙이는 법도 모르는 '경건한' 사람들을 보는 것은 안타깝습니다.

542 전례에는 대량 생산된 성상을 사용하지 마십시오. 나는 마치 설탕과
자로 만든 것 같은 채색된 석고 십자고상보다는 거칠지만 연철로 만
들어진 그리스도의 고상을 더 원합니다.

543 뒤에 아무런 장식물도 없는 소박한 제대에서 내가 미사드리는 것을
그대는 보았습니다. 십자고상은 큼직하고, 촛대는 육중하고, 굵은
초들은 십자가를 향해 차츰 높아지도록 놓여있었습니다.
제대보는 그날 해당되는 색깔, 폭이 넓은 제의, 선이 굵고 힘찬 그 넓
은 성작, 전깃불은 없었지만 아쉽지도 않았습니다.
그대는 소성당을 떠나고 싶지 않았습니다. 거기서 편안함을 느꼈습
니다. 엄숙한 전례가 어떻게 우리를 하느님께 인도하고, 또 그분께
가까이 가게 해주는지 보았습니까?

성인들의 통공

544   성인들의 통공. 그것을 어떻게 설명할까요? 수혈이 몸에 어떤 일을 하는지 알고 있겠지요? 성인들의 통공은 영혼을 위해 바로 그런 일을 하는 것입니다.

545   성인들의 특별한 통공을 느끼며 사십시오. 그러면 내적 투쟁의 시간에도, 직장에서 일할 때에도, 홀로가 아니라는 기쁨과 힘을 느낄 것입니다.

546   나의 자녀여, 나는 그대가 성인들의 통공을 느끼며 산다는 것을 알

았습니다. 그대가 이런 편지를 썼을 때 말입니다. "어제 저는 신부님께서 저를 위해 기도하신다는 것을 '느꼈습니다.'"

547 초자연적 재산인 이 '통공'을 알고 있는 어떤 사람이 내게 이런 말을 했습니다. "그 편지가 제게 큰 도움을 주었습니다. 저는 편지를 통해 모든 사람의 기도를 느낄 수 있으며… 제게는 그들의 기도가 절실히 필요합니다."

548 만일 성인들의 통공을 느낀다면, 그것을 생활화한다면, 그대는 기꺼이 속죄하는 사람이 될 것입니다. 그리고 그대는 그 속죄가 '힘들어하면서도 기뻐하는 것 gaudium, etsi laboriosum'임을 깨달을 것이고 과거에도 있었고, 지금도 있으며, 앞으로도 있을 모든 속죄자들과 '동맹을 맺고' 있음을 느낄 것입니다.

549 수많은 형제가 자신을 돕고 있다는 사실을 생각할 때, 그리고 그대가 충실치 못해 그들에게 도움을 못 주고 있다는 것을 생각할 때, 그대는 자신의 의무를 다하는 것이 훨씬 쉽다는 것을 알 것입니다.

550 "나는 뽑힌 사람들을 위해 모든 것을 당하고 있습니다. Ideo omnia sustineo propter electos." "그들이 예수 그리스도의 구원을 얻기 바라는 마음으로. Ut et ipsi salutem consequantur quae est in Christo Jesu."

성인들의 통공을 생활화하는 참 좋은 방법입니다!
주님께 성 바울로의 그 정신을 청하십시오.

신 심

551 악마에게서 도망치듯 습관으로부터 도망치십시오. 참된 신심의 무덤인 그 구렁텅이에 빠지지 않는 훌륭한 방법은 하느님의 현존을 부단히 자각하는 것입니다.

552 개인적 신심은 소수만 갖되 꾸준히 하십시오.

553 그대 어머니의 입술로부터 배웠을 어릴 적 기도들을 잊지 마십시오. 어릴 때 그랬던 것처럼, 매일 단순하게 그 기도를 바치십시오.

554 성체조배를 그만두지 마십시오. 평상시의 염경기도를 바친 후, 감실 안에 참으로 계시는 예수님께 하루의 걱정거리들을 말씀드리십시오. 그러면 그대는 그리스도인으로 생활할 수 있는 빛과 용기를 받을 것입니다.

555 우리 하느님의 거룩한 인성은 얼마나 사랑스러운지! 스스로를 주님의 오른손 상처에 '넣고' 그대는 내게 물었습니다. "만일 그리스도의 상처 하나가 깨끗하게 하고 위로하고 힘을 북돋우고 불타오르게 하고 사랑에 빠지게 한다면, 십자가 위의 오상이 해내지 못할 일이 무엇이겠습니까?"

556 십자가의 길. 이것이야말로 강하고 알찬 신심입니다! 그대는 금요일마다 주님의 수난과 죽음의 14처를 묵상하는 습관을 지니십시오. 한 주간을 지낼 힘을 얻게 되리라는 것을 나는 장담합니다.

557 성탄 신심. 그대가 산등성이와 마구간을 꾸미고, 구유 주위에 소박한 점토 인물들을 놓아두는 것을 보고도, 나는 웃지 않았습니다. 그대가 어린이가 된 그때보다 더 어른스러워 보인 적은 없었습니다.

558 묵주기도는 강력한 무기입니다. 신뢰심을 갖고 그것을 바치십시오. 그러면 그대는 그 효과에 놀랄 것입니다.

559 그리스도의 아버지, 성 요셉은 또한 그대의 아버지이자 주인이십니다. 그분께 호소하십시오.

560 우리들의 아버지이자 주인이신 성 요셉은 내적 생활의 스승이십니다. 그대가 그분께 전구하면 그분이 지니신 능력의 효과를 느낄 것입니다.

561 성녀 데레사는 자신의 자서전에 성 요셉에 대해 이렇게 썼습니다. "기도의 스승을 아직 찾지 못한 사람은 누구나 이 영광스러운 성인을 스승으로 삼는다면 길을 잃지 않을 것입니다." 이 충고는 경험에서 나온 것입니다. 그 충고에 따르십시오.

562 그대의 수호천사를 신뢰하십시오. 그분을 아주 친한 친구처럼 대하십시오. 사실 그렇습니다. 그러면 그분은 나날의 일상에서 수천 가지 도움을 베푸실 것입니다.

563 그대의 사도직에 끌어들이고자 하는 사람의 수호천사를 그대 편으로 만드십시오. 그분은 언제나 위대한 '공범'이 될 것입니다.

564 만일 그대가 그대의 수호천사와 그대 이웃의 수호천사를 의식한다면, 대화 도중에 불쑥 튀어나오는 그런 어리석은 말들을 피할 수 있을 것입니다.

565 그대의 수호천사가 그대를 위해 수많은 일을 해주셨다고 해서 놀라는군요. 그럴 필요 없습니다. 바로 그렇게 하라고 주님께서 그대 곁에 그분을 세워주셨으니까요.

566 그런 상황에서는 삐뚤어지기 쉽다고요? 그렇다고 합시다. 그러나 수호천사가 또한 계시지 않습니까?

567 유혹을 받을 때 그대의 수호천사께 의지하십시오. 그분은 악마로부터 그대를 보호하실 것이고 거룩한 영감을 주실 것입니다.

568 거룩한 수호천사들은 이렇게 호소한 영혼에게 매우 기쁘게 순종했을 것이 분명합니다. "거룩한 천사들이여, 저는 아가서의 신부처럼 호소하나이다. 그분께 제가 사랑 때문에 죽어간다고 전해주세요. Ut nuntietis ei quia amore langueo."

569 감실을 지키는 위대한 천사들에게 바치는 이 기도문을 주었을 때 그대가 기뻐하리라는 것을 나는 알고 있습니다.
오, 천상의 영들이여, 거룩한 성체가 모셔진 탄복하올 감실을 지키는 이들이여, 모독으로부터 그 보물을 지켜주시고, 우리의 사랑을 위해 그 보물을 보존해주소서.

570 사도행전이라는 맑은 샘물에서 물을 마시십시오. 12장에서, 베드로

는 천사의 인도로 감옥에서 탈출하여 마르코의 어머니 집으로 갑니다. 베드로가 문밖에 와있다고 여종이 말하자, 안에 있던 사람들은 그녀의 말을 믿으려 하지 않고 이렇게 말합니다. "그의 천사겠지! Angelus ejus est!"

초대 그리스도인들이 자신의 수호천사들과 얼마나 친밀한 관계에 있었는지 주목하십시오.

그대는 어떻습니까?

571 복된 연옥 영혼들. 그들은 하느님 앞에서 얼마나 많은 것을 행할 수 있는지! 사랑으로, 정의로 그리고 용서받을 수 있는 이기심으로.

그대의 보속과 기도 중에 그들을 기억하십시오.

그대가 그들을 부를 때 이렇게 말할 수 있기를 바랍니다. "나의 착한 친구들, 연옥에 있는 영혼들이여."

572 그대는 내게 묻습니다. 왜 매일 성수를 사용하라고 끊임없이 권하는 가 하고 말입니다. 그대에게 많은 이유를 말해줄 수도 있지만, 아빌라의 성녀 데레사의 이 말씀이면 충분합니다. "마귀들은 그 어떤 것보다도 성수에 쫓겨 달아나며, 다시 돌아오지 않습니다."

573 하느님, 제 마음에 교황성하를 사랑하는 마음을 심어주셔서 감사하나이다.

574 9일기도를 바치는 것이 사내답지 못한 일이라고 누가 말했습니까? 만일 어떤 사내가 기도와 금욕정신으로 그 기도를 바친다면, 그 신심은 아주 사내다울 수밖에요.

믿 음

575   마치 터널 속을 통과하듯이 인생을 사는 사람들이 있습니다. 그
들은 믿음이라는 태양의 광채와 안전함과 온기를 모르고 있습니
다.

576   사탄은 얼마나 지독한 논리로 우리 가톨릭 믿음을 논박합니까!
그러나 논쟁에 말려들지 말고 놈에게 이렇게 말합시다. "나는 성
교회의 자녀다."

577   그대는 커다란 믿음을 느끼고 있습니다. 그대에게 그런 믿음을

심어주신 분이 방법도 주실 것입니다.

578 사도적인 영혼을 지닌 그대여. 성 바울로는 그대에게 이렇게 말
합니다.

"의인은 믿음으로 살 것이다. Justus ex fide vivit."

그대는 왜 그 불꽃이 희미해지게 내버려두는 것입니까?

579 믿음. 많은 그리스도인이 그 말을 자주 입에 올리면서 정작 실천
은 하지 않아 참 안타깝습니다.

그것은 강론을 위한 것이지, 실천하기 위한 덕은 아니라고 생각
하는 것 같습니다.

580 하느님께 그대의 믿음을 더해주시라고 겸손되이 청하십시오. 그
러면 새로운 빛으로, 그대는 세상 사람들의 길과 사도인 그대의
길이 어떻게 다른지 분명하게 판단할 수 있을 것입니다.

581 복음사가들은 사도들의 나약함이나 믿음이 흔들리고 있음을 보
여주는 사건들을 얼마나 겸손하고도 단순하게 서술하고 있는지
모릅니다!

이는 그대와 내가 나중에 사도들이 갖게 된 것과 같은 그 흔들림
없고 꿋꿋한 믿음을 가질 수 있다는 희망을 잃지 않게 하기 위해
서입니다.

582 우리 가톨릭 믿음은 얼마나 아름답습니까! 그것은 우리의 모든 근심, 걱정거리를 해결해주고, 깨달음으로 평정을 주며 희망으로 마음을 가득 채워줍니다.

583 나는 '기적쟁이'가 아닙니다. 나의 믿음을 굳세게 하는 기적들은 복음서에서 기록된 것만으로도 나의 분에 넘칩니다.

그러나 신심있는 그리스도인들, 그중에서 '사도적'이기까지 한 많은 사람이 비범한 영성의 길이나 초자연적 사건들에 관한 이야기를 듣고 비웃을 때, 나는 안타까움을 느낍니다. 나는 그런 사람들에게 이렇게 말하고 싶습니다. "그렇습니다. 지금도 기적이 있습니다. 만일 우리가 충분한 믿음을 지니고 있다면 우리도 그런 기적들을 행할 수 있을 것입니다."

584 믿음의 불을 타오르게 하십시오! 그리스도께서는 과거의 인물이 아닙니다. 그분은 역사 속으로 사라져버린 추억의 인물이 아닙니다.

그분은 살아계십니다! 성 바울로가 말했듯이 "예수 그리스도는 어제도 오늘도 똑같은 분이십니다. 그렇습니다. 그리고 영원히! Jesus Christus heri et hodie: ipse et in saecula!"

585 "너희에게 겨자씨 한 알만한 믿음이라도 있다면…! Si habueritis fidem, sicut granum sinapis!"

거룩한 스승의 이 외침 속에는 얼마나 어마어마한 약속들이 들어있는지!

586 하느님은 언제나 똑같은 분이십니다. 필요한 것은 인간의 믿음입니다. 그러면 우리가 성서에서 읽은 놀라운 일들이 다시 일어날 것입니다.

"주 하느님의 손, 그분의 능력은 약해지지 않았습니다! Ecce non est abbreviata manus Domini!"

587 그들은 믿음이 없는 대신 미신을 믿습니다. 무심코 내뱉은 의미없는 말을 듣거나, 거울이 깨지는 것을 보면서 나쁜 징조로 받아들여 마음의 평정을 잃는 어떤 권세 있는 사람을 보았을 때 우리는 우습기도 했지만 부끄러웠습니다.

588 "믿는 사람에게는 안되는 일이 없다. Omnia possibilia sunt credenti." 이는 그리스도의 말씀입니다.

사도들과 더불어 그대는 왜 그분께 이렇게 말씀드리지 않습니까? "저의 믿음을 더해주십시오! Adauge nobis fidem!"

겸 손

589 그대의 성공이 박수를 받을 때, 그대의 실패가 자아낸 비웃음도 귓전에 들리게 하십시오.

590 높은 건물 꼭대기에 있는 금빛 풍향계가 되려고 갈망하지 마십시오. 그것이 아무리 반짝인다 해도, 그것이 아무리 높다 해도, 건물을 단단하게 지탱하는 데는 어떤 도움도 주지 못합니다.

아무도 볼 수 없는 땅 속 토대 밑에 숨겨진 주춧돌이 되기를. 바로 그대 덕분에 그 건물은 무너지지 않을 것입니다.

591 나의 예수님, 남들의 칭찬을 받을수록 제 마음이 더욱 수그러지게 해주십시오. 제가 과거에 어떠했는지, 또 당신께서 저를 버리신다면 어찌 될 것인지 보여주시면서 말입니다.

592 자신이… 쓰레기통에 지나지 않는다는 것을 잊지 마십시오. 그러므로 만일 '거룩한 정원사' 께서 우연히 그대를 손에 들고 깨끗이 문질러 씻고 화려한 꽃으로 가득 채우실 때, 그대의 추한 모습을 아름답게 꾸며준 향기와 색깔을 뿜내선 안됩니다.
겸손하게 자신을 낮추십시오. 자신이 쓰레기 깡통이라는 사실을 모릅니까?

593 자신의 참모습을 보게 되는 날, 그대는 자신이 남들에게 멸시받아 마땅하다고 생각할 것입니다.

594 스스로 자신을 낮출 때 겸손한 것이 아니라, 남들로 인해서 굴욕을 당할 때, 또 그것을 그리스도를 위해서 참을 때 겸손한 것입니다.

595 만일 그대가 정말로 자신을 안다면, 그대는 멸시당하는 것을 기뻐할 것이며 명예와 찬사 앞에서는 마음속으로 흐느낄 것입니다.

596   남들이 자신의 결점을 본다고 마음 아파하지 마십시오. 진정으로 마음 아파해야 하는 것은 그대가 하느님께 드릴 수 있는 모욕과 다른 사람들에게 끼칠 수 있는 못된 본보기입니다. 그외에는 그대의 본모습이 알려지고 멸시당한들 상관없습니다.

그대가 아무것도 아님을 알았다고 슬퍼하지 마십시오. 예수께서 그대의 모든 것을 채워주시니까요.

597   만일 그대가 마음의 자극과 이성의 명령에 따라 행동한다면, 그대의 악행들을 참아내시는 하느님 앞에서 그대는 추하고 징그러운 벌레처럼 언제까지나 땅에 납작 엎드려 있고 싶을 것입니다.

598   겸손은 얼마나 소중합니까! "주께서 여종의 비천한 신세를 돌보셨으니 Quia respexit humilitatem" 즈가리아의 집에서 성모님께서는 믿음이나, 사랑이나, 흠 없으신 순결을 초월하여 이 기쁜 찬미가를 부르십니다.

"주께서 여종의 비천한 신세를 돌보셨으니, 이제부터는 온 세상이 나를 복되다 할 것입니다."

599   그대는 먼지, 땅에 떨어진 더러운 먼지입니다. 성령의 입김이 세상의 모든 사물 위에 그대를 높이 올려놓고 금처럼 빛나게 해주신다 해도, 그대가 높은 곳에서 정의의 태양이신 하느님의 광채를 반사하고 있다 해도, 자신의 비천함을 잊지 마십시오.

한순간이라도 교만해지면 그대는 땅으로 떨어질 것이고, 빛이었던 그대는 다시 진흙으로 전락하고 말 것입니다.

600 그대는⋯ 교만합니까? 무엇 때문에?

601 교만? 왜죠? 머지 않아 아마 몇 년, 며칠 안가서 그대는 살이 썩고 벌레가 득실거리고 악취를 풍기는 액체가 흐르고 더러운 수의에 싸인 흐물흐물한 시체가 될 것입니다. 지상에서 그대를 기억할 사람은 아무도 없을 것입니다.

602 지식, 명성, 말솜씨와 능력이 뛰어난 그대. 하지만 겸손하지 않다면 그대는 아무 가치가 없습니다. 자신이 최고라고 생각하는 그 '자아'를 뽑아버리십시오. 하느님께서 도와주실 것입니다. 그런 후에 비로소 그대는 그분의 사도군단 말단 자리에서 그리스도를 위해 일을 시작할 수 있을 것입니다.

603 그 거짓 겸손은 게으름입니다. 그대는 겸손한 척 하면서 사실상 의무인 권리들을 하나 둘 포기합니다.

604 겸손하게 자신의 나약함을 인식하여 사도와 함께 이렇게 말할 수 있게 하십시오. "나는 약해졌을 때 오히려 나는 강합니다. Cum enim infirmor, tunc potens sum."

605 "신부님, 신부님은 어떻게 이런 오물을 참아내실 수 있습니까?" 그대는 통회의 고백을 한 뒤 그렇게 질문했습니다. 나는 침묵했습니다. 그대의 겸손이 자신을 그렇게 오물로, 오물덩어리로 느끼게 해주었다면, 우리는 그대의 모든 나약함을 참으로 거대한 그 어떤 것으로 변화시킬 수 있을 거라고 생각하면서.

606 우리 예수님은 얼마나 겸손하신가 보십시오. 예루살렘 입성 때 어린 나귀 한 마리가 그분의 옥좌였습니다!

607 겸손은 내적 평화를 얻을 수 있는 또 하나의 좋은 길입니다. 그분은 이렇게 말씀하셨습니다. "나는 마음이 온유하고 겸손하니 내 멍에를 메고 나에게 배워라. 그러면 너희 영혼이 안식을 얻을 것이다."

608 자신의 영적 진보를 느끼는 것이 겸손의 부족은 아닙니다. 그래서 그대는 하느님께 감사드릴 수 있습니다.
그러나 그대가 불쌍한 사람이라는 것을 잊지 마십시오. 그대의 옷은 좋은 옷이지만 빌려온 옷이란 말입니다.

609 자신을 아는 것은 마치 손잡아 데리고 가듯이 우리를 겸손으로 이끕니다.

610 그대가 하고 있는 사도직의 정신과 규칙들을 방어하기 위한 확고함이 거짓 겸손으로 비틀거려선 안됩니다. 그런 확고함은 자만이 아닙니다. 그것은 *사추덕의 하나인 용기입니다.

611 그것은 교만 때문이었습니다. 그대는 혼자 모든 것을 해낼 수 있다고 생각했습니다.

그분이 그대를 잠시 내버려두자 그대는 곧장 곤두박질치고 말았습니다.

겸손하십시오. 그러면 그분의 특별한 도움이 모자라지 않을 것입니다.

612 그런 교만한 생각들은 버려도 됩니다! 그대는 단지 화가의 손에 들린 붓일 뿐 그 이상은 아닙니다.

나에게 말해보십시오. 만일 그 붓이 화가가 하는 대로 따르지 않는다면 무슨 소용이 있을지를 말입니다.

613 그대가, 그처럼 텅 비고 오만한 그대가 겸손해지기 위해선 이사야의 이 말씀을 묵상하는 것만으로 충분합니다. "너는 땅에 떨어지는 물 한 방울이거나 이슬 같아서 흔적도 찾을 수 없다."

---

* **사추덕** : 인간관계에서 요구되는 가장 중요한 네 가지 덕으로 현명, 정의, 용기, 절제를 말함

순종

614   사도직에서는 아주 하찮은 불순종이란 있을 수 없습니다.

615   자신의 의지를 굳게 하십시오. 자신의 의지를 강하게 하십시오. 하느님의 은총으로, 그것이 강철로 만든 송곳처럼 되게 하십시오.
    순종하기 위하여 그대 의지를 포기하는 것은 오직 강한 의지로만 가능합니다.

616   그대가 그렇게도 굼뜬 것 때문에, 그렇게도 수동적인 것 때문에,

그렇게도 마지 못해 순종하는 것 때문에, 사도직이 얼마나 쇠약해지며, 적은 또 얼마나 좋아하는지!

617 순종하십시오. 마치 화가의 손에 들린 도구가 순종하는 것처럼 말입니다. 도구는 자신이 하고 있는 이 일 저 일에 대해 '왜?'라고 생각하려고 멈추지 않습니다. 유익하지 않거나 하느님의 영광을 위해 하는 일이 아니라면 그 어떤 지시도 그대들에게 내려지지 않는다는 점을 확신하십시오.

618 적 : "그대는 순종할 건가, 이런 '우스꽝스럽고' 하찮은 일에도?"
하느님의 은총을 지닌 그대 : "나는 순종하겠다. 이런 '영웅적인' 하찮은 일에도!"

619 독창성. 그대의 사도직에서, 그대에게 맡겨진 범위 안에서 그것을 지니십시오.
만일 그대의 계획이 제한된 범위를 넘거나, 의심이 생긴다면, 누구에게도 자신의 생각을 털어놓지 말고, 그대의 윗사람하고만 상의하십시오.
결코 잊지 마십시오. 그대는 단지 대행자일 뿐입니다.

620 만일 순종이 그대에게 평화를 주지 못한다면, 그것은 그대가 교만하기 때문입니다.

621   윗사람이 좋은 본보기를 보여주지 못하고 있다면 참으로 유감이 아닐 수 없습니다!…

하지만 그대가 순종하는 것은 그의 개인적인 자질 때문입니까?…

아니면, "여러분의 지도자들에게 순종하십시오Obedite praepositis vestris."라는 성 바울로의 이 말씀에 "지도자가 항상 내 입맛에 맞는 덕행들을 지니고 있을 때만"이라는 어구를 멋대로 덧붙여 그대에게 편하게 해석하는 것입니까?

622   그대의 편지를 통해 나는 그대가 순종을 얼마나 잘 이해하고 있는지 알 수 있었습니다. "항상 순종하는 것은 죽지 않고도 순교하는 것입니다!"

623   그대는 어렵고 쓸모없어 보이는 일을 하라는 명령을 받았습니다. 그 일을 하십시오. 그러면 그대는 그 일이 쉽고 유익하다는 것을 보게 될 것입니다.

624   위계질서. 저마다 제자리를 차지하는 것. 만일 벨라스케스의 그림에서 색깔들이 제멋대로 다른 곳에 자리를 잡고, 캔버스 실들이 올올이 풀려나오고, 나무액자가 여러 조각으로 분리된다면, 그 그림에 무엇이 남겠습니까?

625 권위 있는 누군가가 그대가 보기에 가장 찬란한 일을 포기하라고 명령할 때, 그렇게 할 준비가 돼있지 않다면, 그대의 순종은 이름이 아깝습니다.

626 주님, 그것이 사실 아닙니까? 까다롭고 불쾌한 어떤 일에 순종해야만 했던 그 어린애같이 순수한 사람이 쩔쩔매다가 "예수님, 제가 인상을 찡그리지 않게 해주소서!" 하고 속삭였을 때, 주님께서 그 말에 커다란 위로를 받으셨다는 것 말입니다.

627 그대의 순종은 묵언의 순종이어야 합니다. 그놈의 혀!

628 순종하기 어려운 바로 지금, 주님을 기억하십시오. "죽기까지, 십자가에 달려서 죽기까지 순종하셨도다! Factus obediens usque ad mortem, mortem autem crucis!"

629 오, 순종의 힘이여! 겐네사레 호수는 베드로의 그물에 고기를 채워주지 않았습니다. 밤새도록 애썼지만 아무 소용없었습니다.
그러나 순종하며 다시 그물을 던졌더니 "엄청 많은 물고기 piscium multitudinem copiosam"가 걸려들었습니다.
나의 말을 믿으십시오. 그 기적은 매일 반복되고 있습니다.

가난

630 잊지 마십시오. 덜 필요한 사람이 더 많이 갖고 있습니다. 필요를 만들어내지 마십시오.

631 이 세상의 재물에서 초연하십시오. 가난의 정신을 사랑하고 실천하십시오. 소박하고 절도있는 생활을 할 만큼만 소유하는 것으로 만족하십시오.
그렇지 않으면 그대는 결코 사도가 될 수 없습니다.

632 참된 가난은 무소유에 있지 않고 초연함에 있습니다. 재물에 대

한 지배를 자발적으로 포기하는 것 말입니다.

그렇기 때문에 부자인데도 가난한 사람이 있는가 하면, 그와는 반대로 가난하지만 부자인 사람도 있는 것입니다.

633 하느님의 사람인 그대는 세상 사람들이 재물을 소유하고자 애쓰는 만큼이나 그것을 경멸하려고 애쓰십시오.

634 세상 재물에 대한 애착이라니! 그러나 머지 않아 그것들은 그대의 손아귀에서 빠져나갈 것입니다. 부자들이 자신의 재산을 가지고 무덤에 들어갈 수 없듯이 말입니다.

635 남들의 눈에 띄지 않게 선택할 수 있을 때, 자신을 위하여 최악의 것을 선택하지 않는다면, 그대는 가난의 정신을 지니지 않은 것입니다.

636 "재물이 네 손아귀에 들어와도 거기에 마음을 쓰지 마라. Divitiae, si affluant, nolite cor apponere." 그것을 넉넉한 마음으로 베푸는데 사용하려고 노력하십시오. 만약 필요하다면 영웅적으로.

마음이 가난한 사람이 되십시오.

637 만일 가난에 따르는 것들을 사랑하지 않는다면, 그대는 가난을 사랑하지 않는 것입니다.

638   가난은 얼마나 거룩한 자원을 지니고 있는지! 그대는 기억합니까? 그대가 경제적 압박을 받고 있을 때, 남아있는 마지막 한 푼까지 그 사도직 사업에 기부했습니다. 그때 하느님의 사제가 그대에게 이렇게 말했습니다. "나도 내가 가진 모든 것을 그대에게 주겠소." 그대는 무릎을 꿇은 채 들려오는 말을 들었습니다. "전능하신 하느님, 성부와 성자와 성령께서 그대에게 내려오시어 그대와 영원히 함께 계시길!"

그때 보상을 잘 받았다는 것을 그대는 아직도 확신하고 있습니다.

신중함

639 침묵하면 그대는 결코 후회하지 않을 것입니다. 그러나 말을 하면, 자주 후회하게 될 것입니다.

640 어떻게 감히 남에게 비밀을 지켜달라고 할 수 있습니까? 그런 요구 자체가 바로 그대 자신이 비밀을 지킬 줄 모른다는 표시인데.

641 신중함은 신비도 비밀도 아닙니다. 그것은 단지 자연스러움일 뿐입니다.

642 신중함은… 품위입니다. 고상하고 일상적인 그대 가족의 일들이, 집안의 따뜻한 분위기를 떠나 대중의 무관심이나 호기심의 대상이 될 때 초조하고 불쾌해지는 것을 못 느낍니까?

643 그대 사도직의 속내를 쉽게 드러내지 마십시오. 이 세상은 이기적인 몰이해로 가득 차있다는 것을 모릅니까?

644 침묵하십시오! 그대의 이상은 방금 불 붙은 불꽃과 같다는 것을 잊지 마십시오. 그대의 마음속에서 단 한 번의 입김으로 그것을 꺼버릴 수 있습니다.

645 침묵은 얼마나 좋은 결과를 가져다주는지! 분별이 부족하여 소모된 힘은 그대의 일에 능률적으로 썼어야하는 힘입니다. 신중하십시오.

646 만일 그대가 좀더 신중할 수 있다면 그처럼 많은 대화가 남겨놓은 쓴맛을 마음속으로 한탄하지 않게 될 것입니다.

647 '이해'를 바라지 마십시오. 그대가 이해받지 못하는 것은 그대의 희생이 눈에 띄지 않도록 하기 위한 하느님의 배려입니다.

648 만일 그대가 입을 닫는다면, 그대의 사도직은 더 큰 효과를 발휘

할 것이며, 사람들은 왜 자신의 기운을 입으로 소모해버리는지! 그대의
허세가 부르는 많은 위험도 피하게 될 것입니다.

649 늘 보여야 한다니! 그대는 내게 사진, 도표, 통계를 요구합니다.
그러나 그대에게 그 자료들을 보내지 않을 것입니다. 왜냐하면
나는 정반대의 의견도 존중하지만 지상에서 잘 보이려고 일했다고 나
스스로 생각하게 될 것이기 때문입니다. 내가 잘 보이길 원하는
곳은 천국입니다.

650 그대의 길을 이해하지 못하는 성스러운 사람들이 많이 있습니다.
그들을 이해시키려고 애쓰지 마십시오. 그것은 시간 낭비가 될
것이며 경솔한 짓이 될 수도 있습니다.

651 "수액, 정신, 이런 안쪽으로 흐르는 것 없이는 뿌리와 가지가 있
을 수 없다."
이런 글을 쓴 그대의 친구는 그대가 고귀한 야망을 품고 있음을
알고 있었습니다. 그리고 그는 그대에게 길을 보여주었습니다.
신중함과 희생, '안쪽으로 흐르는 것!' 말입니다.

652 신중함, 소수의 덕.
신중함은 여성의 덕이 아니라고 여성들을 중상하던 사람은 누구
입니까? 얼마나 많은 건장한 남자들이 신중함을 배워야 하는지!

653 하느님의 모친께서 신중함에 대해 얼마나 좋은 모범을 우리에게 보여주셨는지 모릅니다. 성 요셉에게도 강생의 신비를 말씀하시지 않았습니다.

그대에게 모자라는 신중함을 달라고 성모님께 청하십시오.

654 원망이 그대의 혀를 날카롭게 만들었습니다.

침묵하십시오!

655 신중함의 중요성은 그대에게 내가 아무리 강조해도 지나치지 않을 것입니다.

만일 그것이 그대가 전투에 쓰는 무기의 날이 아니라면, 최소한 자루는 될 것입니다.

656 분노가 왈칵 치밀어오를 때는 침묵하십시오. 화를 낼 만하고 정당한 이유가 있더라도 말입니다.

그대가 아무리 신중해도, 그런 순간에는 언제나 필요 이상으로 말을 하게 마련입니다.

기 쁨

657 참된 미덕은 슬픔이나 반감을 주는 것이 아니라 친절하고 유쾌합니다.

658 일이 잘되면 기뻐합시다. 그리고 그렇게 안배해주신 하느님을 찬미합시다. 만일 잘 안되면? 그분 십자가의 달콤함을 맛보게 해주신 하느님을 찬미하며 그때도 기뻐합시다.

659 그대가 간직해야 할 기쁨은 생리적으로 유쾌한 기분이라 부를 수 있는, 건강한 동물이 느끼는 것과는 다른 것입니다. 그것은 그

대 자신을 포함한 모든 것을 하느님 아버지의 자애로운 품에 맡김으로써 오는 초자연적인 행복입니다.

660 만일 그대가 사도라면 절대 낙심하지 마십시오. 극복해내지 못할 장애물은 없습니다.
왜 슬퍼하는 것입니까?

661 찌푸린 얼굴, 거친 행동, 우스꽝스러운 외양, 반감 주는 태도. 이래서야 그대가 어떻게 다른 사람들이 그리스도를 따르게 할 수 있을 거라고 기대합니까?

662 기쁨이 없다고요? 이렇게 생각하십시오. '하느님과 나 사이에 장애물이 있군.' 이는 거의 틀림없는 생각일 것입니다.

663 그대는 슬픔을 치유 받기 위해 내게 조언을 부탁했습니다. 나는 노련한 충고자, 사도 성 야고보의 처방을 내리겠습니다.
"여러분 가운데 슬퍼하는 사람이 있습니까? Tristatur aliquis vestrum?"
"기도하십시오! Oret!"
해보십시오.

664 우울해하지 마십시오. 매사를 보는 그대의 관점을 좀더 '우리의

것', 좀더 그리스도인답게 하십시오.

665 나는 그대가 항상 행복하기를 원합니다. 왜냐하면 기쁨은 그대의 길에서 필수적인 부분이기 때문입니다.

그 초자연적인 기쁨이 우리 모두에게 주어지도록 기도하십시오.

666 "야훼 찾는 이들, 마음은 즐거워라. Laetetur cor quaerentium Dominum."

이는 그대 슬픔의 원인을 알게 하는 빛입니다.

다른 덕들

667 믿음과 희망과 사랑의 행위들은 하느님의 삶을 사는 영혼들의 열기가 전해지는 밸브들입니다.

668 순수한 사랑을 위하여 마치 보상도 벌도 없는 것처럼 모든 일을 사심 없이 하십시오. 그러나 천국을 그리는 거룩한 희망을 가슴 속에 키워나가십시오.

669 그대가 하느님의 자녀로서 보상 없이, 관대하게 하느님을 섬기는 것은 좋습니다. 그러나 가끔 보상을 생각하게 되더라도 걱정하지 마십시오.

670 예수께서 말씀하십니다. "나를 따르려고 집이나 형제나 자매나 부모나 자식이나 토지를 버린 사람은 백 배의 상을 받을 것이요, 또 영원한 생명을 얻을 것이다."

그처럼 관대하게 갚아주는 사람을 지상에서는 결코 찾지 못할 것입니다!

671 "예수께서는 침묵하셨다. *Jesus autem tacebat.*" 그대는 왜 말을 하는 겁니까? 자신을 위로하기 위해서입니까, 아니면 털어놓기 위해서입니까?

아무 말도 하지 마십시오. 경멸 속에서 기쁨을 찾으십시오. 그대는 받아 마땅한 경멸을 항상 적게 받고 있습니다. 과연 그대는 주님처럼 이렇게 물을 수 있겠습니까? "내가 무엇을 잘못했단 말인가? *Quid enim mali feci?*"

672 만일 그대가 부당함을 기쁘게 또 아무 말없이 참아낸다면 하느님의 사람임이 확실합니다.

673 자신이 겪은 부당함을 불평하던 그 젊은 친구에게 어떤 덕망 있는 신사가 해준 말은 정말 멋졌습니다.

"속상하지? 그렇다면 착한 사람이 되려고 애쓰지 마!"

674 남이 묻지 않는 한 결코 자신의 의견을 말하지 마십시오. 설령 그

의견이 가장 좋은 것이라 생각되더라도 말입니다.

675 그 사람이 죄인이었다는 것은 사실입니다. 그러나 최종 판단을 내리지는 마십시오. 연민을 품으십시오. 그대가 여전히 별것 아닌 상태로 남아있는 동안, 그는 아우구스티노와 같은 성인이 될 수도 있다는 점을 잊지 마십시오.

676 이 세상의 모든 것은 흙에 지나지 않습니다. 그대의 발 밑에 그것들을 쌓아두면 그대는 천국에 훨씬 더 가까이 가게 될 것입니다.

677 금, 은, 보석들 : 흙, 똥거름들.
향락, 육체적인 쾌락, 본능 충족 : 짐승 같고, 당나귀 같고, 돼지 같고, 수탉 같고, 황소 같은 것들….
명예, 명성, 칭호들 : 거품 같은 것들, 교만처럼 부풀어오른 것들, 거짓말들, 아무 것도 아닌 것들.

678 그대의 마음을 이 세상에 두지 마십시오. 그런 사랑은 이기적인 사랑입니다. 하느님께서 그대를 당신 앞에 부르신 지 불과 몇 시간 후에, 그대가 사랑하던 그들은 그대를 보고 무섭고 소름이 끼쳐 뒷걸음질 칠 것입니다.
지속적인 사랑은 이와는 다릅니다.

679 탐식은 추한 악덕입니다. 식탁에 엄숙하게 둘러앉은 저명한 신사들이, 의식을 치르는 듯한 분위기에서, 마치 먹는 것 자체가 목적인 양 기름기 있는 음식들로 위를 잔뜩 채우고 있는 것을 볼 때, 조금 우습고 혐오스런 감정이 들지 않습니까?

680 식탁에서는 음식에 대해서 말하지 마십시오. 그것은 교양 없는 일이고 그대에게 어울리지 않습니다. 고상한 것, 영혼에 대해서, 지성적인 것에 대해서 이야기하십시오. 그러면 먹는다는 일이 고상해집니다.

681 어떤 작은 금욕도 없이 식탁에서 일어났다면, 그대는 그날 비신자처럼 식사를 한 셈입니다.

682 대체로 그대는 필요 이상의 식사를 합니다. 그 결과, 포만감과 거북함이 정신을 멍하게 만들고 초자연적인 보물들을 맛보지 못하게 합니다.
절제가 얼마나 좋은 덕인지 모릅니다! 세속적인 기준에서도 말입니다.

683 그리스도인 신사 스스로 그렇게 말했습니다인 그대가 성상에 입맞추고, 염경기도를 외고, 하느님의 교회를 공격하는 자들을 야단치고, 성사도 자주 받는 것을 보았습니다.

그러나 나는 그대가 희생하거나, 세속적인 대화를 피하거나, 다른 표현을 적절히 사용할 수도 있을 텐데! 아랫사람들에게 관대하거나, 그리스도의 교회에도! 형제의 단점을 참아내거나, 공동선을 위해 자신의 교만을 억제하거나, 그 두터운 이기심의 외투를 벗어던지는 것을 보지 못했습니다. 그밖에 많은 것도 마찬가지입니다. 나는 그대를 알다가도 모르겠군요… 그런데도 스스로 그리스도인 신사라고 말합니까?

그리스도에 대한 그대의 견해는 얼마나 형편없는지!

684 그대의 재능, 그대의 개성, 그대의 자질이 낭비되고 있습니다. 사람들이 그것을 발휘하지 못하게 합니다.

한 영성작가의 말을 묵상해보십시오. "하느님께 바치는 향은 낭비되는 것이 아니다. 그대의 재능이 쓸모없이 사용되는 것보다는 희생제물이 됨으로써 주님은 더 영광을 받으신다."

시련들

685 박해의 폭풍은 좋은 것입니다. 잃어버린 것이 무엇입니까? 벌써 잃어버렸다면 더 이상 잃을 게 없습니다.

성교회라는 나무를 뿌리뽑을 수 있는 바람이나 폭풍은 없습니다. 나무가 뿌리째 뽑히지 않았다면 마른 가지들만 떨어집니다. 그것들은 잘 떨어졌습니다.

686 동의합니다. 그 사람이 그대에게 나쁘게 처신했습니다. 하지만 그대는 하느님께 그 사람보다 더 나쁘게 처신하지 않았습니까?

687 예수님, 당신께서 어느 곳을 지나가시건 무관심한 사람은 하나

도 없었습니다. 당신을 사랑했거나, 아니면 증오했습니다.

어떤 사도가 자신의 의무를 수행하며 당신을 따를 때, 혐오나 호감의 중얼거림이 있다고 해서 과연 저를 놀라게 할 수 있을까요? 그가 또 한 분의 그리스도이기에!

688 다시 한번 그들은 말했고 글을 썼습니다. 찬성, 혹은 반대. 좋은 의도로, 그리고 나쁜 의도로. 알랑거림과 중상모략, 칭찬과 박수갈채, 성공과 실패….

바보, 정말 바보! 그대가 목적지를 향해, 머리와 가슴을 하느님께 향하여 똑바로 가고 있다면, 휘이잉 하는 요란한 바람소리나 귀뚤귀뚤 하는 귀뚜라미 소리, 혹은 음~메 하는 소리, 혹은 꿀꿀거리는 소리, 혹은 힝힝거리는 소리들을 왜 걱정하는 것입니까?

그 소리들은 어쩔 수 없는 것입니다. 벌판에 문을 설치하려고 애쓰지 마십시오.

689 혀들이 재잘재잘 지껄이기 시작했고, 그대의 체면은 구겨졌습니다. 전혀 예기치 못한 것이어서 더욱 어렵습니다.

그대의 초자연적인 반응은 용서해야 하는 것이며 더 나아가서 용서를 청하기도 해야 합니다! 그 경험을 이용해서 그대는 피조물로부터 초연해져야 합니다.

690 그대가 고난과 경멸과… 십자가를 만나게 될 때, 그대는 이것을

생각해야 합니다. 내가 마땅히 받아야 할 것에 비하면 고작 이거란 말인가?

691 커다란 고난을 겪고 있습니까? 반대에 부딪혔습니까? 이 강력하고 남성다운 기도문을, 단어를 음미하듯이 아주 천천히 외우십시오.
"가장 공정하고 가장 사랑스러운 하느님의 뜻이 행해지소서. 이루어지소서. 찬양받으소서. 그리고 만유 위에 영원히 찬미받으소서. 아멘, 아멘."
나는 그대가 평화를 누리게 되리라 장담합니다.

692 그대는 꿈에 지나지 않는, 짧디 짧은 이 현세의 삶에서 고통받고 있습니다. 즐거워하십시오. 그대의 아버지 하느님께서 그대를 무척 사랑하시니 말입니다. 만일 그대가 그분의 일을 방해하지 않는다면, 이 몹쓸 꿈이 지난 후에 그분이 그대를 잘 깨워주실 것이기에.

693 그대는 자신이 베푼 호의에 대해 감사의 말을 듣지 못해 마음 아파합니다. 이 두 가지 질문에 답해보십시오. 예수 그리스도께 그처럼 감사를 드리고 있습니까? 이 세상에서 감사의 말을 듣고자 그 호의를 베풀었던 것입니까?

694 그대가 왜 놀라는지 모르겠습니다. 그리스도의 적들은 결코 이성적이지 않았습니다.

라자로가 살아났을 때, 그들은 항복하고 예수님의 신성을 인정해야 했습니다. 그러나 그들은 오히려 "생명을 준 그 사람을 죽여버리자!"고 말했습니다.

오늘날도 과거와 마찬가지입니다.

695 투쟁과 고난의 순간에, 어떤 때는 '선하다는 자'들이 그대의 길을 장애물로 채울 때, 그대의 사도적 정신을 드높이십시오. 겨자씨 한 알과 누룩에 대해 말씀하시는 예수께 귀기울이십시오. 그리고 그분께 이렇게 말씀드리십시오. "제게 그 비유를 설명해주십시오. Edissere nobis parabolam."

그러면 그대는 다가올 승리를 생각해보는 즐거움에 잠길 수 있을 것입니다. 지금은 시작에 불과하지만, 사도직이라는 은신처 아래 깃들이게 될 새들과 부풀어오를 밀가루 반죽을 말입니다.

696 만일 시련을 소심한 마음으로 받아들이면, 그대는 기쁨과 평화를 잃고, 그런 역경으로부터 어떤 영적 혜택도 얻지 못하는 처지가 될 것입니다.

697 그대는 공적인 사건들로 인하여 스스로를 가두었습니다. 상황에 따라 그것은 감옥살이보다 더 지독할 수 있습니다. 그대는 자신

의 인격이 실추되었다고 고통스러워하고 이기주의, 호기심, 오해, 험담 때문에 활동할 곳을 못 찾고 있습니다.

좋습니다, 그게 어떻다는 겁니까? 그대는 아주 자유로운 의지와 '어린이'와 같은 힘을 잊어버렸습니까? 이파리와 꽃이 외적인 활동이 없다고 성장이 멎고 뿌리가 활동을 내적 생활을 안하는 것은 아닙니다.

일하십시오. 상황이 달라질 것이고 그대는 이전보다 더 많은 열매를 맺게 될 것입니다. 그리고 그 열매는 더욱 달콤할 것입니다.

698 꾸지람을 들었다고요? 교만한 그대 자신의 충고를 따르지 말고 화도 내지 마십시오. 이렇게 생각하십시오. 그들이 나를 얼마나 사랑하고 있는가! 그들이 말하지 않고 넘어가는 일이 얼마나 많았을까!

699 십자가, 노고, 고난. 살아있는 동안 그대가 지녀야 할 몫입니다. 그것이 그리스도께서 가신 길입니다. 그리고 제자는 스승을 능가할 수 없습니다.

700 동의합니다, 외적 투쟁이 많아서. 그대는 부분적으로 용서받을 수 있습니다. 그러나 그대 안에 있는 공범은 잘 살펴 보십시오 용서받을 수 없을 것 같습니다.

701 거룩하신 스승의 입술로부터 포도나무와 가지에 대한 비유를 듣지 못했습니까? 위로를 느끼십시오. 그대가 열매를 맺을 수 있는 가지이기에 그분께서 그대에게 많은 것을 요구하시고, 또 가지를 치십니다. "더 많은 열매를 맺도록 Ut fructum plus afferas" 말입니다.

당연히 그 절단, 그 가지치기는 아픕니다. 그러나 나중에 그대의 사도직이 얼마나 울창하게 성장하고, 또 무르익을까요!

702 그대는 근심하고 있군요. 자, 보십시오. 내적 생활이나 그대 주변에서 무슨 일이 생기든 간에 사건들이나 사람들의 중요함은 상대적이라는 것을 절대 잊지 마십시오. 마음을 가라앉히십시오. 시간이 흐르게 내버려두십시오. 그런 후에 멀리 떨어져서 통찰력을 얻어 침착하게 사람들과 사건들을 바라보면 제 자리와 딱 맞는 몫을 정하게 될 것입니다.

그렇게 하면 그대는 좀더 공정한 사람이 되고, 또 많은 근심거리를 피할 수 있을 것입니다.

703 사악한 여관에서 보낸 곤혹스러운 하룻밤. 예수의 데레사 성녀는 이 지상의 삶을 그렇게 묘사했다고 합니다. 옳은 비유라고 생각지 않습니까?

704 어느 유명한 수도원을 방문한 외국인 여성이 그곳의 가난함을

목격하고는 마음이 그만 울적해져서 말했습니다. "여러분은 아주 힘들게 사시는군요." 그러자 수사는 이 말에 만족해 이렇게 중얼거리는 것이었습니다. '수사, 자네가 원했던 대로 됐어. 수사, 이제 모든 것이 당신에게 달렸어.'

내가 기쁘게 들었던 그 성스러운 수사의 말을, 그대가 행복하지 않다고 말할 때, 나는 걱정스럽게 그대에게 들려줄 것입니다.

705 불안하다고요? 절대로 안됩니다! 그것은 마음의 평화를 잃게 하는 것입니다.

706 육체적인 쇠약. 그대는… 무너져 있습니다. 쉬십시오. 외부활동을 중단하십시오. 진찰을 받으십시오. 의사의 지시에 따르고, 그리고 걱정하지 마십시오.

그대는 곧 정상적인 생활로 돌아올 것이고, 그대가 충실하다면 사도직을 더욱 성장시킬 것입니다.

내적 투쟁

707 그대가 초자연적 세계의 경이로움을 묵상하는 동안 다른 목소리, 친밀하고 은근하게 속삭이는 '과거 그대 자신'의 소리를 듣게 됩니다. 그러나 불안해하지 마십시오.
그것은 잃어버린 과거의 특권을 돌려달라고 소리치는 '죽음의 실체'입니다. 그대에게는 하느님의 은총이 충만합니다. 충실하십시오. 그러면 정복할 수 있습니다.

708 세상과 악마와 육신은 그대 안에 있는 야만적인 나약함을 이용하는 일단의 투기꾼입니다. 그 투기꾼들은 아무 가치도 없는, 거

울처럼 번쩍거리는 형편없는 쾌락의 대가로 그대로부터 구원의 값이자 보물인 하느님의 생명의 피에 흠뻑 젖은 순금과 진주, 다이아몬드와 루비를 건네받으려고 합니다.

709 이런 말들이 들립니까? "다른 신분에서, 다른 곳에서, 다른 지위나 일에서, 너는 훨씬 더 많은 선을 행할 수 있을 텐데. 지금 네가 하는 일에는 재능이 필요치 않아."

자, 내 말을 들으십시오. 그대는 지금 그곳에서 하느님을 기쁘시게 해드리고 있습니다…. 그리고 그대가 방금 생각한 것은 분명히 악마의 암시입니다.

710 영성체할 때 마음이 차갑고 메마르다고 걱정하며 슬퍼하는군요. 말해보십시오. 그대는 영성체할 때 자신을 찾습니까, 아니면 예수님을 찾습니까? 그대가 자신을 찾는다면, 슬퍼할 이유가 있습니다. 그러나 그대가 그리스도를 찾는다면, 당연히 그래야 하지만, 어떻게 십자가보다 더 확실한 표지를 원한단 말입니까?

711 또 넘어졌군요…. 이번엔 대단하게! 가망이 없다고요? 아닙니다! 겸손해지십시오. 그리고 그대의 어머니 마리아님을 통해서 예수님의 자비로운 사랑에 의탁하십시오. "저에게 자비를 베푸소서 Miserere"라고 말씀드리면서, 그분께 마음을 들어올리십시오! 자, 다시 시작합시다.

712 아주 밑바닥까지 떨어졌군요! 거기서부터 토대를 쌓기 시작하십시오. 겸손하십시오. "뉘우치고 겸손한 마음을, 오 주님, 당신은 얕보지 아니하시나이다. Cor contritum et humiliatum, Deus, non despicies."

713 그대는 하느님을 거역한 것이 아닙니다. 나약함 때문에 넘어진 것입니다.

좋습니다. 그런데 그런 나약함이 너무 빈번합니다! 그대는 그것을 피할 줄 모릅니다. 그러니 내가 그대를 나쁜 사람으로 생각하는 것을 그대가 원치 않지만, 나는 그대가 나쁘고 또 바보라 할 수밖에 없습니다.

714 그대가 위험을 단호히 피하지 않는 한 그대의 바람은 진심으로 원하지 않는 바람입니다. 약하다는 구실로 자신을 속이려 하지 마십시오. 그대는 연약한 사람이 아니라 비겁한 사람입니다.

715 정신의 동요와 그대를 둘러싼 유혹은, 그대 영혼의 눈을 가린 붕대와 같습니다.

그대는 어둠 속에 있습니다. 혼자 걷겠다고 고집 피우지 마십시오. 넘어집니다. 윗사람을 찾아가십시오. 그러면 그는 라파엘 대천사가 토비아에게 해준 말을 다시 들려줄 것입니다.

"기운을 내십시오. 머지않아 하느님께서 그대를 고쳐주실 것입니다. *Forti animo esto, in proximo est ut a Deo cureris.*"
순종하십시오. 그러면 눈에서 비늘이, 붕대가 떨어질 것이며 하느님께서 그대를 은총과 평화로 가득 채워주실 것입니다.

716 "저는 제 자신을 정복할 줄 모릅니다!" 그대는 풀이 죽어 이런 편지를 보냈습니다. 나는 이렇게 답장을 씁니다. "그런데 그대는 여러 방법을 써보려고 정말로 노력했습니까?"

717 이 세상의 고난은 복되도다! 가난, 눈물, 증오, 불의, 수치…. 그대는 '힘을 주시는 분을 통해서' 이 모든 것을 겪어낼 수 있습니다.

718 그대는 고통을 받으면서도 신음 없이 참아내려 합니다. 그대의 의지가 언제나 하느님의 뜻을 찾고 있는 한, 그대가 좀 신음한다 해도 나쁠 것은 없습니다. 그것은 가련한 육신의 자연스러운 반응입니다.

719 결코 실망하지 마십시오. 라자로는 죽어서 썩고 있었습니다. "죽은 지 나흘이나 되어 벌써 냄새가 납니다. *Jam foetet, quatriduanus est enim.*" 하고 마르타가 예수께 말씀드렸습니다.
만일 그대가 "라자로야, 나오너라! *Lazare, veni foras!*"는 하느님의 말씀을 듣고 그것을 따른다면 그대는 회생할 것입니다.

720 어렵다니! 나도 압니다. 그러나 앞으로 가십시오! 용감하게 싸우지 않는 한 누구도 상을 받을 수 없습니다. 그 멋진 상을!

721 만일 그대의 영성 건축물이 흔들리거나, 혹은 모든 것이 공중에 떠있는 것처럼 보인다면,… 예수님과 성모님 안에서 자녀다운 신뢰에 의지하십시오.
그것이야말로 그대가 처음부터 놓았어야 했던 단단하고 끄떡없는 반석입니다.

722 이번에는 시련이 길군요. 아니 사실, 지금까지 그대는 시련을 잘 견뎌내지 못했습니다. 왜냐하면 그대가 여전히 인간적인 의지처를 찾고 있었기 때문입니다.
그래서 그대의 아버지 하느님께서는 그분 외에는 누구에게도 의지하지 않게끔 그 의지처를 뿌리째 뽑아내신 것입니다.

723 아무려면 어떠냐고요? 자신을 속이려 하지 마십시오. 하느님의 사랑을 위해 그대가 온 정신을 쏟았던 사람들과 사업에 대해 내가 묻는다면, 그대는 자기 일인 양 관심을 갖고 열성적으로 대답하리라는 것을 나는 압니다.
조금도 개의치 않는다는 말은 맞지 않습니다. 그대는 피곤을 모르는 철인이 아니며, 자신을 위한 시간이 필요합니다. 그러나 그 시간도 그대의 사업을 위한 것입니다. 왜냐하면 그대는 결국 도구이기 때문입니다.

724 그대는 내게 이렇게 말합니다. "제 가슴속에는 불과 물, 추위와 더위, 하찮은 열정과 하느님이 들어있는 것 같아요. 하나의 초는 성 미카엘께 켜져 있고 다른 하나는 악마에게 켜져 있는 것 같습니다."

안심하시오. 그대가 투쟁하기로 마음먹고 있는 동안에는 그대의 마음속에 타고 있는 초는 두 개가 아니라, 오직 하나입니다. 대천사의 것.

725 악마는 자기에게 반항하는 영혼들을 거의 언제나 이렇게 다룹니다. 가면을 쓰고서, 부드럽게, 영적인 동기들까지 들추어내면서! 주목을 끌지 않고.

그러고 나서 할 수 없다 싶으면 할 수 있지만 뻔뻔스럽게… 놈은 유다와 같은 뉘우침도 없는 절망을 일으키려고 기를 씁니다.

726 인간적인 위로들을 잃은 그대는 고독감을 느낀 채 홀로 남아있었습니다. 마치 텅 빈 컴컴한 나락에서 가느다란 외줄에 매달린 것처럼 말입니다. 그리고 그대의 외침을, 도와달라는 그대의 절규를 들어줄 사람이 아무도 없는 것 같습니다.

그대는 그렇게 버림받아 마땅합니다. 겸손해지십시오. 자기 자신을 찾지 마십시오. 위로를 찾지 마십시오. 십자가를 사랑하십시오. 그것을 참아내는 것만으론 충분치 않습니다. 그러면 주님께서 그대의 기도를 받아주실 것입니다. 그리고 조만간 그대의 감각에 평정이 깃들게 될 것입니다. 또한 그대의 마음은 다시 잠겨질 것이고, 그대는 평화를 누릴 것입니다.*

727 잔뜩 달아오른 육신. 이것이 그대의 상태입니다. 모든 것이 정신적으로 또 감각적으로 그대를 괴롭힙니다. 모든 것이 그대를 유혹합니다.

나는 강조합니다, 겸손하십시오. 이것이 얼마나 빨리 그 상황에서 그대를 해방시켜주는지를 보게 될 것입니다. 고통은 즐거움으로 바뀌고, 유혹은 확고한 지향으로 바뀔 것입니다.

그렇지만 그러는 동안, 믿음을 강하게 하십시오. 희망으로 자신을 가득 채우십시오. 그리고 입으로만 중얼거린다고 생각되더라도 애덕의 기도를 계속 바치십시오.

728 우리의 모든 힘은 빌려온 것입니다.

729 오 나의 하느님, 제 자신에 대한 신뢰는 매일 점점 작아지고 당신께 대한 신뢰는 매일 점점 커집니다!

---

* 161, 188 편집자 주 '일곱개의 자물쇠' 참조

730 만일 그대가 그분을 떠나지 않는다면, 그분께서도 그대를 떠나지 않으실 것입니다.

731 만사를 예수께 의탁하십시오. 그대는 아무것도 갖고 있지 않고, 아무 가치도 없으며, 아무런 일도 할 수 없습니다. 만일 그대가 예수께 자신을 맡기면 그분이 활동하실 것입니다.

732 오 예수님! 저는 당신 안에서 쉽니다.

733 언제나 그대의 하느님을 신뢰하십시오. 그분은 결코 전투에 패하는 일이 없습니다.

종말론적인 일들

734 "이제는 너희 때가 되었고 암흑이 판을 치는 때가 왔구나." 그렇
다면, 죄인에게도 때가 있다는 말입니까? 그렇습니다… 그리고
영원무궁함은 하느님께!

735 만일 그대가 사도라면, 죽음은 그대의 길에서 그대를 돕는 훌륭
한 친구가 될 것입니다.

736 침울한 가을 황혼녘에 낙엽이 한 잎 두 잎 지는 것을 본 적이 있
습니까? 그처럼 영혼들이 매일 영원 속으로 사라지고 있습니다.

저 떨어지는 잎새가 언젠가는 바로 그대가 될 것입니다.

737 세속적인 사람들이 슬픈 목소리로 이렇게 탄식하는 것을 들은 적이 있습니까? "하루가 지나감은 그만큼 죽음에 더 가까이 가는 것이야."

그렇다면 나는 그대에게 이렇게 말하겠습니다. 기뻐하십시오, 사도적인 영혼이여. 하루가 가면 그대는 그만큼 영원한 생명에 더 가까이 가는 것입니다.

738 다른 사람들에게는 죽음은 장애물이며 공포입니다. 우리에게는 죽음이 영원한 생명이므로 우리를 활기차게 하며 자극을 줍니다.

죽음은, 그들에게는 끝이고 우리에게는 시작입니다.

739 죽음을 두려워하지 마십시오. 오늘부터 그것을 기꺼이 받아들이십시오. 하느님께서 원하실 때…, 하느님께서 원하시는 방법으로…, 하느님께서 원하시는 곳에서… 내 말을 의심하지 마십시오. 그대의 아버지 하느님께서 보내시는 죽음은 가장 좋은 때에, 가장 좋은 곳에서 가장 좋은 방법으로 올 것입니다. 우리의 누이, 죽음이여, 환영하노라!

740 만일 내가 사라진다면, 만일 내가 죽는다면, 세상 한 부분이 안

돌아갈까?

741   사랑하던 사람의 시체가 부패하여 악취나는 유체流體로 변하는
것을 보았습니까? 저런, 아름다운 몸이었는데!
그것을 찬찬히 바라보고 결론을 내리십시오.

742   주교들, 저명인사들, 귀족들의 부패한 몸뚱어리들…
지체 높은 자들의 시체 더미가 등장하는 *발데스 레알의 그림은
분명히 그대에게 충격이 아닐 수 없을 것입니다.
그렇다면 **간디아 공작의 이 격한 탄식은 어떻습니까?
"나는 더 이상 죽어 없어질 주인을 섬기지 않을 것이다!"

743   그대는 내게 '영웅적으로' 죽는 것에 대해 이야기합니다. 그대는
남의 주목을 끌지 않고, 좋은 잠자리에서, 평범한 사람으로 죽는
것, 그러나 하느님의 사랑 때문에 애를 태우며 죽는 것이 더 '영
웅적'이라고 생각하지 않습니까?

744   만일 그대가 사도라면 그대는 죽지 않을 것입니다. 단지 새집으
로 이사할 뿐입니다.

---

* **발데스 레알** : 죽은 사람을 그린 사람으로 유명한 스페인 화가
** **간디아 공작** : 성 프란치스코 보르키아

745 "우리 주 예수 그리스도… 산 이와 죽은 이를 심판하러 오시리라." 우리는 이렇게 사도신경을 외웁니다. 그대가 그 심판과 그 정의와 그리고… 그 심판관을 잊지 않았으면 합니다.

746 그대의 아버지 하느님께서 그대를 심판하실 때 그분을 기쁘시게 해드리고 싶은 갈망으로 영혼이 불타오르지 않습니까?

747 세속적인 사람들 사이에서 하느님의 자비를 의식하는 경우가 많습니다. 그리하여 그들은 바보짓을 계속합니다.
우리 주 하느님께서 무한히 자비하시다는 것은 사실입니다. 그러나 그분은 또한 무한히 공정하십니다. 심판이 있고, 그분은 심판관이십니다.

748 용기를 내시오. 성 바울로가 고린도인들에게 한 말씀을 모릅니까? "각자 수고한 만큼 품삯을 받을 것입니다."

749 지옥이 있습니다. 그대도 이 사실을 명백하게 알고 있겠지만, 다시 반복하겠습니다. 지옥이 있습니다!
적당한 기회에, 그대의 친구와 다른 사람, 또 다른 사람의 귓전에 내 말이 메아리치게 하십시오.

750 과학에 파묻혀 있는 그대여, 들어보십시오. 악마의 활동에 대한

사실은 그대의 과학으로 부인할 수 없습니다. 나의 어머니이신 성교회는 사제들에게 제단 앞에서 성 미카엘 대천사께 드리는 기도를 바치라고 수년간 권고했습니다. "악마의 사악함과 올가미에 대항하기 Contra nequitiam et insidias diaboli"위해서. 물론 개인적으로도 가치있는 기도입니다.

751 천국. "눈으로 본 적도 없고 귀로 들은 적도 없으며, 아무도 상상조차 하지 못한 일을 하느님께서는 당신을 사랑하는 사람들을 위하여 마련해주셨다."
사도의 이 계시가 그대의 투쟁에 박차를 가하지 않습니까?

752 '항상, 영원히!' 이런 말은 마음에 드는 것을 지속시키려는, 영원한 것으로 만들려는 인간의 갈망 때문에 입술에 올리는 말입니다.
모든 것이 끝나게 돼있는 이 세상에서, 그런 말은 거짓말입니다.

753 이 세상은 계속되는 종료입니다. 즐거움이 시작되기도 전에 벌써 끝나고 맙니다.

하느님의 뜻

754 이것이 천상왕국의 문을 열고 들어가는 열쇠입니다. "하늘에 계신 내 아버지의 뜻을 실천하는 사람이라야 들어간다! Qui facit voluntatem Patris mei qui in coelis est, ipse intrabit in regnum coelorum!"

755 이 점을 잊지 마십시오. 그대와 내가 하느님께서 원하시는 대로 사느냐 그러지 않느냐에 따라 많은 큰일이 좌우됩니다.

756 우리는 완전한 자유의지를 갖고 움직이고 느끼는 돌, 돌덩어리

입니다.

하느님 자신은 모난 부분들을 깎아내는 석공이십니다. 망치와 끌로 우리를 때리고 털어내서 당신이 원하는 모습으로 바꾸십니다.

움찔 물러서거나 그분의 뜻을 요리조리 피하지 맙시다. 어떤 경우에도 우리는 그분의 망치질을 피할 수 없습니다. 그러면 우리는 쓸데없는 고통을 더 당하게 됩니다. 건축하기 알맞게 반들반들 닦아놓은 돌 대신에, 사람들이 쉴 새 없이 짓밟고 무시하는 볼품없는 자갈 더미가 될 것입니다.

757 포기?… 수용?… 하느님의 뜻을 사랑!

758 하느님의 뜻에 순종하는 것이 기쁨과 평화를 얻는 확실한 방법입니다. 십자가 안의 행복. 그러면 우리는 그리스도의 멍에가 편하고 그분의 짐이 가볍다는 것을 알게 될 것입니다.

759 평화. 그대는 그 말을 자주 합니다. 평화는… 선의를 지닌 사람들을 위한 것입니다.

760 성령께서 하느님의 뜻을 찾는 사람들을 위해 완성하고 선사하신 이론이 여기 있습니다.

"주님은 나의 목자시니, 나는 아쉬울 것 없노라. Dominus regit

me, et nihil mihi deerit."

평화를 가져다주는 이 말을 신실하게 되새기는 영혼을 그 무엇이 동요시키랴!

761 자유인이여, 스스로 노예가 되십시오. 예수께서 사람들에 대해 데레사 성녀에게 하신 이 말씀이 그대에게는 되풀이되지 않도록 말입니다. "데레사야, 나는 원했노라. 그러나 사람들은 원치 않았노라."

762 하느님의 뜻에 완전히 일치하는 행위.
주님, 그것을 원하십니까?… 저도 그것을 원합니다!

763 주저하지 마십시오. 마음속에서 우러나온 그 "그대로 이루어지소서! Fiat!"라는 말을 입술로 발음하십시오. 그대의 희생에 월계관이 되게 하십시오.

764 사도가 하느님과 가까워질수록, 그가 지닌 갈망들은 한층 보편적인 것이 됩니다. 그의 마음은 넓어져 만민을 품을 수 있고 또 우주 전체를 예수님의 발 아래 두고 싶다는 갈망으로 가득 차게 될 것입니다.

765 나의 하느님, 저는 당신의 뜻을 아주 아주 사랑하나이다. 제가 천

상의 영광을 얻는 것이 당신의 뜻이 아니라면 저는 그것을 원치 않겠나이다. 그런 어이없는 일이 있어서는 안되겠지만.

766 하느님의 뜻에 모든 것을 의탁하는 것이 지상에서 행복해지는 비결입니다. 그렇다면, 이렇게 말하십시오. "나의 양식은 그분의 뜻을 실천하는 것이다. Meus cibus est, ut faciam voluntatem ejus."

767 그런 의탁은 그대가 평화를 잃지 않기 위해 꼭 필요한 조건입니다.

768 '기쁨과 평화 Gaudium cum pace' 는 의탁으로 얻어지는 확실하고 달콤한 열매입니다.

769 성스러운 무관심은 마음이 메마른 것이 아닙니다. 예수님의 마음이 결코 메마른 적이 없듯이.

770 부요할 때보다 궁핍할 때가 덜 행복한 것은 아닙니다.

771 굴욕감을 느끼게 한 바로 그런 일들에서 하느님의 뜻을 실천하는 사람들을 하느님께서는 높여주십니다.

772 하루에도 몇 번씩 이렇게 자문하십시오. 나는 지금 해야 할 일을

하고 있는가?

773 예수님, 당신이 원하시는 것… 저는 그것을 사랑합니다.

774 단계. 하느님의 뜻을 감내함, 하느님의 뜻을 받아들임, 하느님의 뜻을 원함, 하느님의 뜻을 사랑함.

775 주님, 만일 당신의 뜻이라면 저의 이 가엾은 육신을 십자고상으로 만들어주십시오.

776 악순환에 빠지지 마십시오. 그대는 이렇게 생각합니다. 만일 이 일이 이렇게 또는 저렇게 해결된다면, 나는 하느님께 대단히 잘 해드릴 것이다.
     예수님께서는 그대가 조건 없이 관대해지기를 기다리시어 그 일들을 그대가 상상한 것보다 훨씬 잘 해결해주시지 않을까요?
     논리적인 귀결로, 이 점을 확고히 결심하십시오. "매일 매순간 나는 하느님의 뜻을 충분히 실천하려고 노력하겠다."

777 그대 자신의 뜻, 그대 자신의 판단. 바로 그것 때문에 당신이 불안한 것입니다.

778 몇 초면 됩니다… 무슨 일을 시작하기 전에 이 생각을 하십시오.

"이 일로 하느님께서 내게 무엇을 원하실까?"

그런 다음에, 하느님의 은총으로, 그 일을 하십시오!

하느님의 영광

779 우리가 천국에서 하느님과 함께 누릴 충만한 기쁨을 미리 누리
지 않고, 아내, 자녀, 명예… 하느님께 영광을 드리는 것은 좋은 일
입니다….
게다가 그분은 관대하십니다. 백 배를 주십니다. 자녀에 대해서
도 마찬가지입니다. 그분의 영광을 위해서 자녀들을 단념한 많
은 사람은 우리가 하늘에 계신 우리 아버지의 자녀인 것과 마찬
가지로 수천 명의 영적 자녀를 갖게 됩니다.

780 "모든 영광을 하느님께. Deo omnis gloria." 이는 우리 존재가 무無

라는 단호한 고백입니다. 예수님 그분이 전부이십니다. 그분 없이는, 우리는 아무 가치도 없습니다. 무無.

우리의 허영은 이런 것입니다. 헛된 영광. 그것은 신성을 모독하는 도둑질이 될 것입니다. 어디서고 '나'라는 것이 나타나선 안됩니다.

781 "나를 떠나서는 너희가 아무것도 할 수 없다."고 주님께서 말씀하셨습니다. 이는 그분께 속하는 영광을 그대와 내가 가로채선 안된다는 말씀입니다. "나를 떠나서는, 아무것도! Sine me, nihil!"

782 그대의 정신, 그 신성한 지성의 불꽃을 그대의 주님께 영광 드리는 데 사용하지 않고 어떻게 감히 다른 일에 사용한단 말입니까?

783 인생의 목적이 하느님께 영광을 드리는 것이 아니라면, 그 인생은 천함을 넘어 혐오스러울 것입니다.

784 하느님께 '모든' 영광을 드리십시오. 은총에 힘입어, 낱낱의 행실에서 자신의 뜻을 완전히 '빼내어버리십시오.' 그리하여 교만과 자기만족의 기미가 남아있지 않게 하십시오.

785 "당신은 나의 하느님이시오니, 당신께 감사드리나이다. 당신은 나의 하느님이시오니, 당신을 기리나이다. Deus meus es tu, et confitebor tibi: Deus meus es tu, et exaltabo te.” 이는 그대 같은 사도를 위한 아름다운 지향이 아닐 수 없습니다.

786 그리스도께, 그리고 그분을 통하여 그분과 함께 그분 안에서, 하느님 아버지와 성령께 영광을 드리고 싶어하는 신성한 갈망을 제외하고는 그 어떤 집착도 그대를 지상에 묶어두지 않기를 빕니다.

787 바로잡으십시오, 자신의 지향을 똑바로 하십시오! 그대가 인간적인 동기로 행동했기 때문에 그대의 승리가 무가치한 것으로 판명난다면 아주 보기 흉할 것입니다.

788 지향의 순수함. 그대는 교만의 기색과 육신의 충동을 즉각 식별하여 은총으로 그것들을 이겨냅니다.
그러나 그대를 부추기는 동기들은, 심지어 가장 거룩한 행실이라도, 맑아 보이지 않습니다. 그대의 내면 깊숙한 곳에서 인간적인 동기들을 일깨워주는 목소리가 얼마나 미묘하게 들리는지….
그래서 그대의 영혼은 순수한 사랑을 위하여, 그리고 오로지 모든 영광을 주님께만 드리는 일을 위하여 일을 해야 하는데도 그렇게 하지 않고 있다는 어지러운 생각에 사로잡혀 있습니다.
그때마다 반사적으로 이렇게 말씀드리십시오. "주님, 제 자신을 위해서는 아무것도 원치 않습니다. 모든 일은 당신의 영광과 당신의 사랑을 위해서입니다."

789 "지금부터 나는 모든 인간적인 사의와 보상을 단념합니다." 그대
가 이렇게 말하는 것으로 보아 자신의 지향을 정화시켰다는 사
실을 의심치 않습니다.

성소를 위한 활동

790 그대 주변에서 바쁘게 돌아다니는 젊은이들에게 이렇게 외치고
싶지 않습니까? 미친 녀석들아! 마음을 옹졸하게 하고, 자꾸 더
럽히는 그런 세속적인 것들을 버려라…. 죄다 버리고 우리와 함
께 하느님의 사랑을 찾아 떠나자!

791 그대는 '추진력'이 부족합니다. 그래서 소수만을 낚고 있습니다.
그리스도를 위해서 지상의 것들을 포기함으로써 그대가 얻는 것
들을 그다지 믿지 않는 것 같군요.
이것과 비교해보십시오. 백 배의 보상과 영원한 삶! 그대는 그것

이 보잘것없는 '거래'라고 생각합니까?

792 "깊은 데로 가라. Duc in altum." 그대를 겁쟁이로 만드는 비관론을 버리십시오. "고기를 잡기 위해 그물을 쳐라. Et laxate retia vestra in capturam."

"말씀하시니 그물을 치겠습니다. In nomine tuo, laxabo rete." 그대는 베드로처럼 말씀드릴 수 있다는 생각을 하지 못합니까? "예수님, 당신의 이름으로 저는 영혼들을 찾겠습니다."

793 성소를 위한 활동. 이것이야말로 참다운 열정의 확실한 표지입니다.

794 씨 뿌리기. 씨 뿌리는 사람이 씨 뿌리러 나갔습니다…. 사도적인 영혼이여, 사방에 씨를 뿌리십시오. 그대가 씨를 뿌린 밭고랑이 좋지 않다면 은총의 바람이 그것을 옮겨줄 것입니다… 씨를 뿌리십시오. 그리고 씨가 뿌리내려서 열매를 맺을 것이라고 믿으십시오.

795 모범을 보임으로써 좋은 씨를 뿌리게 됩니다. 애덕은 모든 이들이 씨를 뿌리게 합니다.

796 만일 그대가 모든 영혼을 구하겠다는 열정을 느끼지 않는다면

그대의 사랑은 보잘것없는 것입니다. 만일 그대가 사랑의 열정을 다른 사도들에게 전하고 싶은 갈망을 느끼지 않는다면 그대의 사랑은 보잘것없는 것입니다.

797 그대는 자신이 가야할 길이 분명치 않다는 것을 알고 있습니다. 그리고 예수님을 바싹 따라가지 않는 바람에 그 분명치 않은 어둠 속에 남게 되었습니다.

그렇다면 그대는 결정짓기 위해서 무엇을 기다린단 말입니까?

798 이유들이라고요? 그 비천한 이냐시오가 현명한 하비에르에게 무슨 이유들을 댈 수 있었겠습니까?

799 그대가 몹시 놀라는 것이 당연합니다. 하느님께서 직장에 있는 그대를 찾아내셨다고요?

그분은 첫 제자들도 그런 식으로 찾아내셨습니다. 베드로와 안드레아, 요한과 야고보를 그물 옆에서 찾아내셨고, 마태오를 세관의 의자에서 찾아내셨습니다.

그리고 감탄하십시오. 바울로는 그리스도인의 씨를 아주 없애버리려는 열정에 불타 박해활동에 열중해있을 때 주님이 부르셨습니다.

800 추수할 것이 많은데 일꾼이 적다. "그러니 주인에게 추수할 일꾼

들을 보내달라고 기도하여라! Rogate ergo!"

기도야말로 새로운 사도들을 끌어들이는 가장 효과적인 방법입니다.

801 세상 곳곳에서 아직도 저 거룩한 외침이 울려옵니다. "나는 이 세상에 불을 지르러 왔다. 이 불이 이미 타올랐다면 얼마나 좋겠느냐!" 그대도 보다시피, 거의 꺼져있습니다.

그 불을 퍼뜨리고 싶지 않습니까?

802 그대가 사도로 낚고 싶은 어느 뛰어난 인물이 있습니다. 또 한 사람, 영향력이 대단한 인물이 있습니다. 세 번째로, 신중함과 덕망이 넘치는 인물이 있습니다.

기도하십시오! 희생을 바치고, 모범적인 말과 행실로 노력하십시오.

그래도 그들은 오지 않습니다! 평화를 잃지 마십시오. 주님께는 그들이 필요치 않습니다.

베드로 시대에 첫 열두 제자 외에는 뛰어난 인물과 영향력이 있는 인물과 신중하고 덕망있는 인물이 없었다고 생각합니까?

803 자신의 길로 영혼들을 이끌 수 있는 '끼'와 '기량'이 그대에게 있다는 말을 들었습니다.

도구들을 찾는 도구가 되는 그 재능에 대해 하느님께 감사드리십시오.

804 이렇게 외칠 수 있게 도와주십시오. "예수님, 영혼들을! 사도적
인 영혼들을! 당신과 당신의 영광을 위해서 보내주십시오."
우리 요구를 결국 들어주시는 것을 그대는 보게 될 것입니다.

805 이봐, 들어보게나. 그곳에… 우리를 잘 이해해줄 사람이 하나
나… 둘쯤 없나?

806 여보시오… 그 사람에게 무엇보다도 예수 그리스도를 사랑하는
사람이 50명 필요하다고 전해주십시오.

807 그대가 어느 친구에 대해 이렇게 말했습니다. "그는 성사도 자주
보고, 정결한 생활을 하고, 모범생이죠…. 하지만 녀석은 우리와
'어울리지' 않습니다. 희생과 사도직에 관한 이야기를 하면, 그
는 우울해져서 절 피합니다."
걱정하지 마십시오. 그대의 열정이 실패한 것이 아닙니다. 성서
에서 이야기한 상황이 그대로 재연됐을 뿐입니다. "네가 완전한
사람이 되려거든 가서 너의 재산을 다 팔아 가난한 사람들에게
주어라. 희생그리고 나서 나를 따라오너라. 사도직"
그 청년도 우울해져서 떠나가 버렸습니다. Abiit tristis. 그는 은총
에 기꺼이 응답하려고 하지 않았습니다.

808 "어떤 희소식. '정신병원'에 들어갈 또 다른 '미친 사람' 한 명을 낚았습니다!" … 그 '어부'의 편지는 흥분으로 들떠있습니다. 하느님께서 그대의 그물을 넘치도록 채워주시길 빕니다!

809 성소를 위한 활동. 자신의 사도직이 계속되기를 갈망하지 않는 사람이 어디 있겠습니까?

810 성소를 위한 활동은, 그 불타는 열망은 그대 헌신의 확실한 표지입니다.

811 그대는 기억합니까? 해가 질 무렵 그대와 나는 기도를 드리고 있었습니다. 근처에서 물의 속삭임이 들려왔습니다. 까스띠야 지방, 오후 한 시, 정적 속에서, 아직 그리스도를 알지 못하고 있다고 고뇌에 찬 탄식을 하고 있는 여러 나라 수많은 사람의 목소리를 들었습니다.
그대는 스스럼없이 십자고상에 입을 맞추면서 사도 중에 사도가 되게 해달라고 청했습니다.

812 그대가 그대의 조국과 동포들을 매우 사랑한다는 것은 압니다. 하지만 이런 유대감을 느끼면서도 그대는 육지와 바다를 건너 멀리! 가게 될 순간을 애타게 기다리고 있습니다. 추수하고픈 열망으로 인해 잠을 못 이루기 때문에 말입니다.

작은 일들

813 모든 일을 하느님의 사랑을 위하여 하십시오. 그렇게 하면 작은 일이란 있을 수 없으며, 모든 일이 다 큰 일이 됩니다. 거룩한 사랑을 위하여 작은 일에 인내하는 것은 영웅적인 행위입니다.

814 하느님의 사랑 때문에 한 작은 행위에 얼마나 큰 가치가 있는지!

815 정말로 성인이 되고 싶습니까? 매순간의 작은 의무들을 실천하십시오. 즉 해야 할 일을 다하고, 자신이 하고 있는 일에 몰두하십시오.

816 만일 그대가 작은 일을 업신여긴다면 그대는 길을 잘못 짚은 것입니다.

817 '큰 성화'는 매순간의 '작은 의무'들을 실천하는 것입니다.

818 위대한 영혼들은 작은 일들을 무척 신경씁니다.

819 네가 '작은 일에 충성했으니 in pauca fidelis' 주인과 기쁨을 나누어라. 이는 그리스도의 말씀입니다. '작은 일에 충성하는 in pauca fidelis' 사람들에게 천국이 약속됐는데, 어떻게 작은 일을 경시할 수 있겠습니까?

820 시작의 미약함으로 판단하지 마십시오. 1년생 풀씨와 수백 년생 수목 씨앗을 크기로 구별할 수 없다는 사실을 누군가 내게 말해 준 적이 있습니다.

821 지상에서는 모든 거대한 것이 조그맣게 시작된다는 것을 잊지 마십시오. 거대하게 태어난 것은 기형이며, 곧 죽습니다.

822 그대는 내게 이렇게 말합니다. "큰 일을 할 기회가 오면, 그때…!" 그때라고요? 그렇다면 그대는 나날의 준비도, 훈련도 없이 초자연적 올림픽경기에서 승리할 수 있노라고 나를 설득하

고, 또 그대 자신도 믿을 작정입니까?

823 그대는 저 웅장한 건물을 어떻게 세우는지 본 적이 있습니까? 벽
돌 한 장 놓고 또 놓고, 그런 식으로 수만 장. 그것도 순서에 따라
차례차례로. 시멘트 한 포대 들이붓고 또 붓고, 그런 식으로 수천
포대. 그것도 순서에 따라 차례차례로. 또 건물 전체로 보면 아주
작은 돌덩어리들, 또 철근들, 또 매일 똑같은 시간에 일하는 인부
들….
그대는 이제 저 웅장한 건물을 어떻게 세우는지 알았습니까?…
작은 일들의 힘을 통해서입니다!

824 그대는 인간적인 사랑이 얼마나 소소한 일들로 구성되어 있는지
보셨습니까? 하느님의 사랑도 그처럼 소소한 일들로 구성되어
있습니다.

825 현재의 의무를 빈틈없이 계속 수행하십시오. 초라하고, 따분하
고, 작은 그 일을 행하는 것이 바로 기도인데, 그대가 꿈꾸는 거
대하고, 넓고, 깊은 저 다른 사업을 할 수 있는 은총을 받도록 준
비시켜 줍니다.

826 보잘것없는 우리 인간들이 관여하는 그 모든 일은 성덕까지도,
작고 사소한 일들로 짠 옷감인데, 그것은 우리의 지향에 따라 영

웅적인 행위나 혹은 타락, 성덕이나 혹은 죄로 짠 거대한 양탄자가 될 수 있습니다.

위인전에는 언제나 웅대한 모험이 실려 있지만, 그 영웅의 가정 이야기 같은 아기자기한 내용도 반드시 섞여 있습니다. 그대도 항상 작은 일들을 충실하게 사랑하기를 빕니다.

827 그대는 '티끌 모아 태산'이라는 말을 멈추어 묵상해보셨습니까?

828 그것은 호된 경험이었습니다. 그 교훈을 잊지 마십시오. 그대가 지금 저지르는 큰 비겁한 행위들은 나날의 작은 비겁한 행위들과 일치하는 것입니다.

그대는 큰 일에서 승리 '할 수 없었습니다.' 왜냐하면 그대가 작은 일에서 승리하기를 '원치 않았기' 때문입니다.

829 가난한 과부가 성전에서 보잘것없는 돈을 헌금했을 때 예수님의 눈이 빛나는 것을 보지 못했습니까?

능력껏 그분께 드리십시오. 공로는 액수의 크고 작음에 있지 않고, 어떤 마음으로 바치는가에 있습니다.

830 되지 마십시오… 어리석은 자가. 이 위대한 그리스도의 사업에서 그대는 기껏해야 작은 나사일 뿐이라는 것은 사실입니다.

그렇지만 그 나사가 제대로 조여있지 않거나 제자리에서 빠져버릴 때 무슨 일이 일어날지 아십니까? 더 큰 부분이 헐거워지거나 톱니바퀴들이 떨어져 찌그러질 것입니다.

일을 정체시키거나 혹 기계 전체가 쓸모없게 될지도 모를 일입니다.

작은 나사가 된다는 것이 얼마나 큰일인지!

전 술

831 사도적인 영혼이여, 그대는 주변사람들 사이에서 호수에 던져진 돌입니다. 그대는 표양과 말로 첫 물결을 일으키고… 다른 물결을 일으키고… 그 다음에 또 다른 물결, 또 다른 물결…. 매번 그 물결은 더욱 넓게 퍼집니다.

이제 그대의 사명이 위대하다는 것을 이해하겠습니까?

832 이 세상 사람들은 제자리를 떠나려고 얼마나 안달하는지! 사람의 몸에 붙어있는 뼈와 근육이 제각기 다른 자리를 차지하려고 한다면 어떻게 될 것인지 생각해보십시오.

세상이 이상하게 돌아가는 데에는 다른 이유가 없습니다. 나의 영적 자녀여, 제자리를 지키십시오. 그대가 있는 바로 그 자리에서… 주님의 참된 왕국을 위하여 얼마나 많은 일을 할 수 있는지!

833 지도자들이여! 하느님께서 그대를 지도자로 만드시도록 자신의 의지를 강화하십시오.

저주받을 악마의 비밀결사들이 어떻게 일하는지 모릅니까? 놈들은 결코 대중을 설득하지 않습니다. 놈들은 그들의 소굴에서 악마 같은 사람 다수를 조직해서 군중을 흥분시키고, 선동하고, 난폭하게 만든 후 '무질서' 라는 벼랑으로 다가가게 하여… 지옥에 떨어뜨립니다. 놈들은 저주받은 씨를 퍼뜨리고 다닙니다.

그대가 원한다면, 그대는 수천 번 강복을 받고 또 결코 실패할 수 없는 하느님의 말씀을 전파하게 될 것입니다. 만일 그대가 기꺼이 응답한다면, 자신의 성화를 통해서 다른 사람들의 성화, 즉 그리스도 왕국을 가져올 것입니다. "모두가 베드로와 함께 마리아님을 통해 예수께로. Omnes cum Petro ad Jesum per Mariam."

834 금빛 밀알이 땅에 떨어져 썩도록 하겠다며 마구 뿌리는 것만큼 미친 짓이 있을까요? 그러나 그 관대한 미친 짓이 없으면 추수할 것 또한 없을 것입니다.

나의 자녀여, 우리의 관대함은 어떻게 돼갑니까?

835 별처럼 반짝이고 싶고, 하늘 높은 데서 나오는 빛처럼 비추고 싶다고요?

보이지 않는 곳에서 횃불처럼 타올라, 숨어서 그대가 접촉하는 모든 사람을 불태우는 것이 오히려 더 좋은 일입니다. 그것이 그대의 사도직입니다. 그것이 곧 그대가 지상에 있는 이유입니다.

836 적의 확성기 노릇은 바보짓의 극치입니다. 만일 그 적이 하느님의 적이라면, 그 행위는 대죄가 됩니다. 그렇기 때문에 전문분야에서 자신의 지위를 이용하여 성교회를 공격하는 사람들의 지식을 나는 결코 칭찬할 수 없습니다.

837 달리고 달린다!… 하자 하자!… 미친 듯이 열정적인 활동… 놀라운 물질적 업적들….

영적으로는… 구겨진 종이상자, 천조각, 색칠한 골판지… 북적대는 것! 그리고 우르르 몰려다니는 사람들.

오직 '오늘'만 생각하고 하는 짓들입니다. 그들의 안목은 '현재'에 고정돼있습니다. 그러나 그대는 과거와 미래를 '현재에 연결시켜' 영원의 시각으로 사물을 바라봐야 합니다.

서둘러 미친 듯이 새로운 것을 좇지 말고 침착, 평화, 내적 생활을 한다면 그대 삶의 적당한 위치에서, 강력한 영적 발전기처럼 그대는 힘과 빛을 잃지 않고도 수많은 사람에게 빛과 에너지를 줄 수 있을 것입니다.

838 적을 두지 마십시오. 친구만 두십시오. 도움이 되었거나 도움을 주려는 사람은 오른쪽에, 해를 주었거나 해를 주려는 사람은 왼쪽에 두고 모두 친구로 삼으십시오.

839 상대방에게 도움이 되지 않는다면 '그대의' 사도직 내용을 털어놓지 마십시오.

840 예수께서 30년을 지내신 것처럼, 그대의 신분이 드러나지 않게 하십시오.

841 아리마태아 사람 요셉과 니고데모는 평상시에, 그리고 승리의 순간에는 아무도 모르게 예수님을 찾아갑니다.
그러나 모두 겁을 먹은 그 시간에는 관헌들 앞에서 용감하게, 그리스도께 대한 사랑을 '대담하게 audacter' 선언합니다. 그 점을 배우십시오.

842 그대의 선행으로 그대가 '알려졌다.'는 것을 걱정하지 마십시오. 그것은 그리스도의 향기입니다. 더욱이 그대가 오직 그분을 위해 일하는 한, 성서의 이 말씀이 성취된 것을 보고 기뻐하십시오. "그들이 너희 착한 행실을 보고 하늘에 계신 아버지를 찬양하게 하여라."

843 "드러내지 않고, 남의 눈에 띄지 않게 Non manifeste, sed quasi in occulto" 예수께서는 초막절을 지내러 가십니다.

그런 식으로 글레오파가 그의 동료와 함께 엠마오로 가는 길에 나타나십니다. 마리아 막달라도 부활하신 그분을 그런 식으로 뵈었습니다.

그분은 성 요한이 전하는 것처럼, 기적적인 고기잡이 때에도 그런 식으로 나타나십니다. "제자들은 그분이 예수이신 줄 미처 몰랐다. Non tamen cognoverunt discipuli quia Jesus est."

그리고 인간에 대한 사랑 때문에, 그분은 또한 성체 안에 더욱더 숨어계십니다.

844 웅장한 건물을 올리자고요? 화려한 궁전을 건축하자고요? 다른 사람들이 올리게 내버려두십시오. 다른 사람들이 건축하게 내버려두십시오.

영혼들! 그 건물과 그 궁전을 사용할 영혼들에게 생명을 줍시다. 우리를 위해서 얼마나 멋진 집이 마련되고 있는가!

845 "저는 못을 박을 때면 언제나 단 한 번의 망치질로 끝냅니다."

무심코 내뱉은 그대의 말이 얼마나 나를 웃기고, 또 얼마나 나를 묵상하게 해주었는지!

846 동의합니다. 수천 명 앞에서 공개적으로, 장엄하게! 과시하듯이!

연설하는 것보다 다정한 담소나 마음과 마음으로 하는 대화를 통해 더 좋은 성과를 이끌어낸다는 것 말입니다.

그렇지만 연설을 꼭 해야 할 때는 연설을 하십시오.

847 여러분 각자의 노력은 효과가 없습니다. 그러나 그리스도의 사랑으로 여러분이 뭉친다면 여러분은 그 효과에 놀랄 것입니다.

848 그대는 순교자가 되고 싶어합니다. 쉽게 순교자가 되는 방법을 알려드리겠습니다. 사도이면서 사도라고 칭하지 않는 것, 사명을 받은 선교사이면서도 자신을 선교사라고 칭하지 않는 것, 하느님께 속한 사람이면서도 세상에 속한 사람처럼 보이는 것, 한마디로 알려지지 않고 지나가는 것!

849 이봐요! 그를 조롱하시오! 시대에 뒤떨어진 사람이라고 그에게 일러주시오. 역마차가 좋은 교통수단이라고 주장하는 사람이 아직도 있다는 게 정말 믿어지지 않군요. 그건 가발에 먼지가 수북한 *볼테르주의나 신용을 잃은 19세기 자유주의사상을 재생하려고 하는 자들을 위한 것이죠.

---

* **볼테르** : 프랑스의 작가, 대표적 계몽사상가

850   시덥잖은 대화들! 구역질나고 천박한 것들! 그런데도 그대는 직장에서, 대학에서, 수술실에서… 세상에서 그들과 함께 살아가야 합니다.

제발 좀 조용히 하라고 하면 그들은 비웃습니다. 그들을 향해 얼굴을 찌푸리면 그들은 더합니다. 그대가 자리를 뜨면 그들은 계속합니다.

해결책은 우선 그들을 위해 하느님께 기도를 드리고 보속을 하는 것입니다. 그런 다음엔 사내대장부다운 표정을 짓고 '거친 말로 하는 사도직'을 쓰는 겁니다. 그대를 만나게 되면 개인적으로 몇 가지 쓸모있는 레퍼토리를 알려드리죠.

851   '하느님이 주신, 앞뒤를 재지 않는' 젊음을 잘 이끄십시오.

영적 어린이

852 '영적 어린이의 길'을 알려고 노력하되 억지로 그 길을 따르지 말고 성령께서 그대 안에서 일하시게 하십시오.

853 어린이의 길, 의탁, 영적 어린이. 이 모든 것은 결코 유치한 것이 아니라, 강력하고 단단한 그리스도인의 생활입니다.

854 영적 어린이의 삶에서는 '어린이들'의 말이나 행동이 결코 유치하거나 어리석지 않습니다.

855 영적 어린이의 길이라는 것은 마음이 어리석거나 유약하게 된다는 것을 뜻하는 것이 아닙니다. 오히려 분별력 있고 굳건한 마음으로 걸어야 하는 길입니다. 그 길을 걷는 것이 '쉽고도 어렵기' 때문에 영혼은 하느님의 손을 잡고 시작해야 하고, 또 하느님의 손에 이끌려 계속 걸어야 합니다.

856 영적 어린이가 되기 위해서는 이성을 굴복시켜야 하는데 이것은 의지를 꺾는 것보다 더 힘든 일입니다. 이성을 굴복시키기 위해서는 하느님의 은총뿐만 아니라 지속적인 의지의 단련이 필요합니다. 육신의 욕구에 '아니다.' 라고 말하듯이, 그대의 이성에도 거듭 '아니다.' 라고 할 수 있는 의지의 단련이 필요합니다. 따라서 이 어린이의 '작은 길' 을 따르고자 하는 사람은 어린이처럼 되고자 하는 강하고 성숙된 의지를 지녀야 한다는 역설이 성립합니다.

857 작아지는 것. 큰 대담성은 언제나 어린이들 것입니다. 누가 달을 따 달라고 보채겠습니까? 과연 누가 자신이 원하는 것을 얻으려고 위험을 무릅쓰겠습니까?
그런 어린이에게 하느님의 풍부한 은총과 하느님의 뜻을 이루려는 갈망과 예수께 대한 지대한 사랑과 획득 가능한 모든 인간적 지식을 넣어주면, 우리는 분명 하느님께서 원하시는 현대 사도의 모습을 보게 될 것입니다.

858 어린이가 되십시오. 지금보다 더욱더 어린이가 되십시오. 그러나 '철없는 나이' 에 머무르지는 마십시오. 어린애가 '어른인 척' 하는 것이나, '유치한 어른' 보다 더 어리석은 일을 본 적이 있습니까?

하느님 앞의 어린이…. 그렇게 되기 위해선, 다른 모든 것에 있어서는 아주 성숙한 인간이 되십시오. 아! 그리고 애완견의 나쁜 습관 같은 것은 버리십시오.

859 우리는 가끔 어린이 같은 행동을 하고 싶은 충동을 느낍니다. 그것은 소소하지만 하느님 보시기에 좋은 일들인데, 우리가 기계적인 것이 되지 않게 조심하기만 하면, 하느님의 사랑이 언제나 열매를 맺는 것처럼 그것들도 틀림없이 열매를 맺을 것입니다.

860 영원하신 하느님 앞에서 그대는, 걸음마를 갓 시작한 두 살배기 아이보다 더 어린아이입니다.

아이일 뿐만 아니라 그대는 하느님의 자녀입니다. 그걸 잊지 마십시오.

861 자녀여, 그대 '어른 생활' 의 어마어마한 난행亂行들을 보속하고자 하는 갈망으로 그대의 마음을 불타오르게 하십시오.

862 어리석은 아이여, 그대가 지도자에게 그대 영혼의 어떤 것을 숨

기는 날, 그대는 더 이상 어린이가 아닙니다. 단순함을 잃어버렸기 때문에 말입니다.

863 아이여, 그대가 정말로 어린이가 된다면, 그대는 못 해낼 일이 없을 것입니다.

864 어린아이인 그대에게는 걱정이 없을 것입니다. 어린이들은 불쾌한 일은 금세 잊어버리고 평상시의 놀이로 되돌아 갑니다. 그렇기 때문에 의탁하면 걱정할 필요가 없을 것입니다. 하느님 아버지 안에서 쉬게 될 터이기에.

865 아이여, 매일 그분께… 그대의 나약함까지 봉헌하십시오.

866 착한 아이여, 그분을 모르는 노동자들의 일을 주님께 봉헌하십시오. 또 주님을 가르치지 않는 학교에 다니는 불쌍한 아이들의 천진스러운 즐거움도 봉헌하십시오.

867 어린이들은 아무것도 갖고 있지 않습니다. 전부 부모님 것입니다…. 하느님 아버지는 재산을 관리하는 방법을 아주 잘 알고 계십니다.

868 작아지십시오. 아주 작아지십시오. 두 살, 많아야 세 살… 그 나

이보다 많은 아이들은 벌써 터무니없는 거짓말로 부모를 속이려는 못된 녀석들이니까요.

그들은 악으로 기울어지는, 죄의 서곡인 어떤 '틀'을 지니고 있습니다. 그러나 죄를 합리화하는 방법과 허위에 찬 자신들의 거짓 속셈을 진실인 양 은폐하는 사악함은 아직 터득하지 못했습니다.

그들은 단순함을 잃어버렸는데, 단순함은 하느님 앞에서 어린이가 되기 위해 반드시 필요한 것입니다.

869 그런데 아이여, 그대는 왜 한사코 죽마를 타려고 고집하는 것입니까?

870 어른이 되려고 하지 마십시오. 어린아이, 항상 어린아이가 되십시오. 나이가 들어 죽는다 해도 말입니다. 아이가 어디 걸려 넘어지면 아무도 그것을 이상하게 여기지 않고… 그의 아버지는 재빨리 그를 일으켜줍니다.

나이 든 사람이 넘어지면, 즉각적인 반응은 웃음입니다. 다음엔 이 첫 충동이 연민으로 변합니다. 게다가 나이 든 사람은 스스로 일어나야 합니다.

그대는 매일 초라하게 비틀거리고 쓰러집니다. 그때마다 더욱 더 어린이가 되지 않는다면, 그대는 어떻게 되겠습니까?

어른이 되려고 하지 마십시오. 아이가 되어 비틀거릴 때마다 하느님 아버지의 손이 그대를 일으키시게 하십시오.

871 아이여, 의탁은 유순함을 요구합니다.

872 주님께서는 어린이들과 어린이처럼 되고자 하는 사람들을 특별히 사랑하신다는 것을 잊지 마십시오.

873 어떤 작은 영혼의 역설들. 예수께서 세상 사람들이 행운이라고 부르는 것을 그대에게 보내실 때 그분의 선하심과 그대의 사악함을 생각하고 슬프게 우십시오.
예수께서 세상 사람들이 악운이라고 부르는 것을 그대에게 보내실 때 기뻐하십시오. 그분께서는 언제나 그대에게 가장 필요한 것을 주며 그때야말로 십자가를 사랑할 수 있는 가장 아름다운 순간이니까요.

874 대담한 아이여, 이렇게 외치십시오. 데레사의 사랑이여! 하비에르의 열의여! 성 바울로는 얼마나 비범한 사람이었는가! 오 예수님, 그렇다면 저는… 저는 바울로, 하비에르, 데레사보다 더 당신을 사랑합니다!

어린이의 삶

875   잊지 마십시오. 어리석은 아이여, 하느님의 사랑이 그대를 전능
케 해주었다는 것을.

876   아이여, 감실을 '기습하는' 그대의 사랑스러운 습관을 잃지 마십
시오.

877   내가 그대를 '착한 아이'라고 부를 때, 그대를 수줍어하거나 겁
많은 사람으로 여긴다고 생각하지 마십시오. 만일 그대가 남자
답지 않고 정상적인 사람도 아니라면, 그대는 사도가 되기는커

녕 웃음거리가 될 것입니다.

878 착한 아이여, 예수께 매일 여러 번 이렇게 말씀드리십시오. "사랑합니다. 사랑합니다. 사랑합니다…."

879 그대의 나약함 때문에 곤경에 처했을 때 슬퍼하지 마십시오. 성바울로처럼 자신의 약점을 자랑하십시오. 아이들이 어른을 따라한다고 해서 비웃음을 받지는 않으니 말입니다.

880 그대의 결점과 불완전함과 심지어 그대의 타락까지도 하느님으로부터 그대를 떼어내지 못하게 하십시오. 연약한 아이는, 만일 신중하다면, 하느님 아버지 곁에 머물러 있으려고 합니다.

881 그분께서 요구하시는 그런 작은 일들을 해나갈 때 짜증이 나더라도 걱정하지 마십시오. 그대는 웃게 될 것입니다.
자신을 떠보는 아버지에게 손에 든 사탕을 줄까 말까 망설이는 순진한 아이를 본 적이 없으십니까? 결국 아이는 싫으면서도 줍니다. 사랑이 승리한 것이죠.

882 일을 잘해보려고, 정말 잘해보려고 할 때 그대는 오히려 일을 망치고 맙니다. 예수님 앞에 자신을 낮추고 이렇게 말씀드리십시오. 제가 얼마나 그르치는지 보셨지요? 만일 당신께서 저를 아주

많이 도와주시지 않는다면 저는 더 엉망으로 할 것입니다!

당신의 아이를 불쌍히 여기소서. 당신도 아시다시피 날마다 제 인생의 책에 중요한 페이지를 기록하고자 합니다. 그러나 저는 너무 서툴러서 주님이 제 손을 잡고 인도하지 않으시면 저의 펜은 품위있는 필치 대신에 아무에게도 보여줄 수 없는 얼룩이나 휘갈긴 글씨만 남길 것입니다.

이제부터 예수님, 언제나 우리 둘이서 함께 글을 쓰기로 해요.

883 나의 사랑이시여, 제가 얼마나 서투른지 인정하나이다. 누군가를 조심스럽게 쓰다듬어주려 하다가도 되레 고통을 주고 맙니다.

제 영혼의 예법을 세련되게 다듬어주소서. 어린이 같은 거친 씩씩함 안에 상냥함과 애정을, 어린이들이 솟구치는 사랑으로 부모에게 보여주는 다정한 그런 표현들을 제게 주시길 원하나이다.

884 그대는 너무도 나약합니다. 하루하루 그대는 그 나약함들을 더 분명히 보게 됩니다. 하지만 그것들 때문에 놀라지 마십시오. 그분께서는 그대가 그 이상 열매를 맺을 수 없다는 것을 알고 계십니다.

그대가 어린아이처럼 본의 아니게 넘어지는 것은 하느님께서 그대를 더욱 보살피시게 하고, 어머니이신 마리아께서도 당신의 사랑스러운 손으로 그대의 손을 잡고 놓지 못하게 하시기 위함입니다. 우리 주님께서 그대를 땅에서 일으키실 때, 힘을 다해 그분께 매달려 그대의 비천한 머리를 그분의 열린 가슴에 묻으십시오. 그 극진한 사랑으로 고동치는 그분의 심장이 그대를 사랑으로 미치게 할 때까지….

885 한 번 콕 찌르는 것. 그리고 한 번 더. 그리고 또 한 번 더. 그것들을 견디세요! 그대의 삶에서, 그대의 오솔길에서, 그대는 너무 작아서 그분께 그런 작은 십자가만을 봉헌할 수밖에 없다는 것을 모릅니까?

게다가, 보시오. 하나의 십자가에 또다른 십자가가 겹치고, 한번의 바늘상처에 또 하나의 상처가 가해지고… 참으로 커다란 무더기!

아이여, 결국 그대는 커다란 일 하나를 해냈군요. 거룩한 사랑을.

886 어린이와 같은 영혼이 주님께 용서를 간청할 때, 그런 간청은 곧 받아들여질 거라고 확신해도 좋습니다. 예수께서는 과거의 죄로 인해 질질 끌고 다니는 더러운 꼬리를 영혼으로부터 뽑아내시고, 모든 불결함으로 인해 짊어져야 할 무거운 짐을 없애주실 것입니다.

그분께서는 어린이의 마음속에서 세속적인 의지처를 없애시니, 그 마음이 지극히 높으신 하느님께로 올라가 저 생생한 하느님 사랑의 불꽃 속에 녹아버릴 것입니다.

887 겉보기에만 그럴지도 모르지만 그대의 반복되는 인색함, 퇴보, 타락 때문에 생기는 그런 실망감은 종종 마치 그대가 대단히 가치 있는 어떤 것, 자신의 성화를 깨뜨린 것처럼 느끼게 합니다.
걱정하지 마십시오. 순진한 어린이들이 그런 갈등을 해소하는데 사용하는 현명한 방법을 그대의 초자연적인 삶에 적용하십시오. 어떤 아이들이 아버지가 소중히 여기는 어떤 물건, 거의 언제나 부서지기 쉬운 것을 깨뜨리고 말았습니다. 그 아이들은 미안해하고 눈물을 흘릴 수도 있지만 자신의 부주의로 입게 된 고통을 위로받으려고 아버지께 갑니다. 그러면 아버지는 부서진 그 물건의 가치가 제 아무리 크다 해도 그것을 잊고 용서할 뿐만 아니라 연민에 가득 차 아이를 위로하고 용기를 줍니다. 이 점을 배우십시오.

888 그대들의 기도를 *남자답게 하십시오. 아이가 된다는 것은 연약하게 된다는 의미는 아닙니다.

889 예수님을 사랑하는 사람에게, 기도는 아무리 메마른 기도라 해도 언제나 모든 고통을 끝내버리는 달콤한 것입니다. 쓴 물약을

---

* 4번 편집자 주 26쪽 참조

마신 후에 설탕을 찾는 아이와 같은 열정으로 그 사람은 기도하러 갑니다.

890 그대는 기도할 때 심란합니다. 마음의 동요를 없애려고 노력하지만 아무리 애를 써도 집중하기가 어렵습니다. 걱정하지 마십시오.

일상의 삶 속에서 아무리 생각이 깊은 어린애라도 종종 놀이에 정신이 팔려 부모의 말을 귀담아 듣지 않는 것을 보지 못했습니까? 이는 사랑이나 존경심이 부족하다는 것을 의미하지 않습니다. 그것은 어린애에게 응당 있기 마련인 연약함과 작음입니다. 보세요. 그대는 하느님 앞에서 어린아이입니다.

891 기도 중에 분심이 떠오르거든 교통순경처럼 그것들을 순환시키십시오. 어린이의 삶은 그대에게 필요한 강한 의지력을 주었습니다. 또 어떤 때는 그 생각에 멈추어 그 주인공들을 위해 기도하십시오. 계속하십시오…. 시간이 끝날 때까지.

이런 기도가 무의미하다고 생각되면 예수님을 기쁘게 해드렸다는 것으로 만족하십시오.

892 어린아이가 된다는 것은 얼마나 좋은 일인지! 어른은 무엇을 부탁할 때 자신이 부탁할 만한 공로가 있다는 것을 내세우는 것이 보통입니다.

부탁하는 쪽이 꼬마라면, 아이들은 아무런 공로가 없으므로, 이렇게 말하는 것만으로 충분합니다. 저는… 누구 누구의 아들이에요.

온마음을 다해 이렇게 말씀드리십시오! 오 주님, 저는… 하느님의 자녀입니다!

893 인내심. 어떤 아이가 문을 두드립니다. 한 번, 두 번… 여러 번… 그리고 큰 소리로 오랫동안… 염치도 없이! 그러자 화가 나서 문을 열고 나온 사람은 소란을 피운 꼬마의 순진함을 보고 그만 화를 누그러뜨리고 맙니다. 그대도 하느님께 그렇게 하십시오.

894 그대는 아이들이 감사하는 모습을 본 적이 있습니까? 그들을 닮아, 상황이 좋든 나쁘든 예수께 이렇게 말씀드리십시오. "당신은 얼마나 선하신지요! 얼마나 선하신지요!…"

진심으로 이와 같이 말하는 것이 바로 어린이다운 길이며, 그대를 평화로 인도할 것입니다. 눈물과 웃음은 적절하게, 그러나 측량할 길 없는 사랑으로.

895 그대는 일에 지쳐 기도를 할 수 없습니다. 그러나 그대는 항상 하느님의 현존 안에 있습니다. 만일 그분께 말씀드릴 수 없다면 작은 아이처럼 가끔씩 그분을 바라보십시오…. 그러면 그분은 그대를 향해 미소 지으실 것입니다.

896   영성체 후 감사기도를 드릴 때 어쩔 수 없이 그대의 입에 오르는 첫 기도가 청원기도라고요?… "예수님, 제게 이걸 주십시오. 예수님, 그 영혼을 위해서요. 예수님, 제 사업을 위해서 말입니다…."

걱정하지도 또 억제하려고도 하지 마십시오. 아버지가 선하고 또 아이가 단순하고 담대한 경우 녀석이 집에 돌아오신 아버지를 맞이하는 키스를 하기 전에 사탕을 찾으려고 주머니부터 뒤지는 것을 보지 못했습니까? 그렇다면….

897   은총으로 인해 우리 의지는 하느님 앞에서 막강합니다. 그래서 예를 들어 전차를 타고 여행할 때, 주님이 받으시는 많은 모욕을 생각해내고는 기꺼이 이렇게 말씀드립니다. "나의 하느님, 저를 태우고 가는 이 차의 바퀴가 돌아가는 횟수만큼 저는 애덕과 통회의 기도를 바치고 싶습니다." 바로 그 순간, 예수님 앞에서 우리는 정말로 예수님을 사랑했고 또 우리가 원하던 통회를 한 것입니다.

이런 '실없는' 말이 영적 어린이의 삶에 어긋나는 것이 아닙니다. 그것은 순진한 아이와 그를 맹목적으로 사랑하는 아버지 사이에 오가는 영원한 대화입니다.

"말해 봐, 너 날 얼만큼 사랑하지?" 그러면 그 꼬마 녀석은 큰소리로 이렇게 말합니다. "하늘만큼 땅만큼이요!"

898 '어린이의 삶'을 살고 있다면, 그대는 영적 달콤함을 즐기는 사람이어야 합니다. 그 나이 또래 어린이처럼, 어머니께서 준비해 두신 것들을 기억하십시오.

그리고 하루에도 여러 번 그렇게 하십시오. 그것은 단 몇 초밖에 걸리지 않습니다. 성모 마리아… 예수님… 감실… 영성체… 하느님의 사랑… 고통… 연옥의 복된 영혼들… 투쟁하는 사람들… 교황성하… 사제들… 평신도들… 그대의 영혼… 그대 가족의 영혼… 수호천사들… 죄인들….

899 그 작은 극기를 그대는 얼마나 힘들어하는지! 그대는 투쟁합니다. 누군가 그대에게 이렇게 말하는 것 같습니다. "그대는 왜 시계에, 규칙적인 생활에 그렇게도 충실한 겁니까?"

보십시오. 꼬마들을 어떻게 속이는지 아십니까? 그들은 쓴약을 먹으려고 하지 않습니다. 그러나 "어서! 이 작은 숟갈은 아빠를 위해, 그리고 이건 할머니를 위해" 하면서 마침내 그들이 모든 양을 다 삼키게 합니다.

그런 식으로 하십시오. 연옥 영혼들을 위해 극기의 행위를 15분만 더, 부모님을 위해 5분만 더, 형제들의 사도직을 위해 5분만 더…. 이런 식으로 정해진 시간을 모두 채우는 것입니다.

이렇게 행한 그대의 극기는 얼마나 가치가 있는지!

900 그대는 홀로가 아닙니다. 역경을 기쁘게 짊어지고 나가십시오.

가엾은 아이여, 그대가 성모님의 손길을 느낄 수 없다는 것은 사실입니다.

하지만… 아이가 누구의 도움도 없이, 아장아장 첫 걸음마를 시도할 때, 양팔을 펴고, 그 아이를 따라가는 지상의 어머니들을 보지 못했습니까? 그대는 홀로가 아닙니다. 성모 마리아께서 그대 곁에 계십니다.

901 예수님, 제가 하느님의 사랑 때문에 죽는다 해도 저를 작은 자로 만들기 위해 쏟으신 그 관대한 은총은 결코 못 갚을 것입니다.

부르심

902 그대는 왜 하느님께 헌신하지 않습니까? 단번에…, 진정으로…
지금!

903 그대의 길이 분명하게 보인다면 그 길을 따라가십시오. 그대를
주춤거리게 하는 그 두려움을 왜 못 떨쳐버리는 겁니까?

904 "가서, 복음을 전하여라… 내가 너희와 함께 있겠다…." 이것은
예수님께서 하신 말씀인데 바로 그대에게 하신 말씀입니다.

905 애국적인 열정 때문에 많은 사람들이 '봉사'의 삶, 또는 '의용군'의 삶을 삽니다. 칭찬받아 마땅합니다. 마찬가지로 그리스도의 '의용군'도 있으며, 그분을 위해 봉사하라고 뽑힌 사람들이 있다는 것을 잊지 마십시오.

906 "그의 나라는 끝이 없으리라. Et regni ejus non erit finis."
그런 왕국을 위하여 일하는 것이 기쁘지 않습니까?

907 "제가 제 아버지의 집에 있어야 하는 줄을 모르셨습니까?
Nesciebatis quia in his quae Patris mei sunt oportet me esse?"
이 대답은 소년 예수가 하신 말씀입니다. 그분이 없어진 것을 알고, 그분을 찾으러 사흘이나 헤맸던 성모님과 같은 어머니들에게 해주신 말씀입니다. 이는 성 마태오가 기록한 그리스도의 이 말씀을 보충해주는 답변이기도 합니다. "아버지나 어머니를 나보다 더 사랑하는 사람은 내 사람이 될 자격이 없다."

908 사도직 업무의 가치를 눈에 보이는 것으로만 판단하는 것은 지나치게 단순합니다. 그 기준으로 본다면 그대는 한 줌의 다이아몬드보다는 석탄 한 가마를 선택할 것입니다.

909 이제 그분께 헌신했으니 하느님 사람으로서의 그대 임무를 강하게 각인시켜 줄 새로운 삶, 확인 '도장'을 재차 찍어주시라고 그

분께 청하십시오.

910 그대의 이상, 그대의 성소, 그건 정신 나간 짓이죠. 그리고 그대
의 친구들, 형제들, 그들도 돌았습니다. 그대의 내면 깊숙한 곳에
서 들려오는 그 외침을 듣지 못했습니까? 그런 '미치광이'가 되
는 영광을 주신 하느님께 감사드린다고 확고하게 대답하십시오.

911 그대는 내게 이런 편지를 보냈습니다. "이 사업이 잘되고 번창하
는 것을 보고 싶은 대단한 열망이 초조함으로 바뀌고 있습니다.
언제 넘어설 것인가? 언제 돌파할 것인가? 이 세상이 우리 것이
되는 때는 언제일까?"
그리고는 이렇게 덧붙입니다. "그 열망이 쓸모없진 않을 것입니
다. 하느님을 성가시게 하고 기도로 보채는 데 사용한다면 말입
니다. 그러면 우리는 시간을 엄청 벌어놓게 될 것입니다."

912 그대가 활동을 멈춰야 할 상황인데 아직도 해야 할 일을 생각하
면 괴로우리라는 것을 이해합니다. 그대의 가슴은 지구 전체도
담아낼 수 있을 만큼 큰데 아주 소소한 공적업무에 맞추어야 하
다니….
그런데 우리는 "당신 뜻대로 Fiat"라는 기도를 어느 때 하려고 아
껴두는 것입니까?

913 이것을 의심하지 마십시오. 그대의 성소는 주님께서 그대에게 허락하신 가장 위대한 은총입니다. 감사드리십시오.

914 아무 이상理想도 없는 사람들은 지위가 높거나 낮거나 중간계층이거나 간에 얼마나 불쌍합니까! 그들은 자기네가 영혼을 가지고 있다는 사실을 모르는 것 같습니다. 그들은 그저 소떼, 염소의 무리, 돼지떼처럼 보일 때가 있습니다.
예수님, 당신의 자비하신 사랑에 힘입어 우리는 그 소떼를 한 군단으로, 그 염소의 무리를 한 군대로 변화시키고, 또 그 돼지떼로부터 불결을 더 이상 원치 않는 정화된 사람들을 뽑아낼 수 있을 것입니다.

915 하느님의 사업들은 또 다른 목적을 위한 지렛대도 아니고 징검다리도 아닙니다.

916 주님, 우리를 미치게 해주십시오. 사람들을 당신의 사도직에 끌어올 수 있는 '강한 열정'으로 말입니다.

917 "길에서 그분이 우리에게 말씀하셨을 때 우리는 뜨거운 감동을 느끼지 않았던가? Nonne cor nostrum ardens erat in nobis, dum loqueretur in via?"
만일 그대가 사도라면, 인생길에서 그대를 만난 그대의 직장동료들의 입술에서도 엠마오 제자들이 한 이 말이 자연스럽게 나와야 합니다.

918 사도직은 모든 것을 다 주려고 하는 것이지 이 세상의 것들을 얻으려고 하는 것이 아닙니다.

919 그대를 사도로 부르셨을 때, 우리 주님께서는 그대가 '하느님의 자녀'라는 사실을 상기시키셨습니다. 그 사실을 그대가 결코 잊지 않도록 말입니다.

920 여러분 각자는 사도들을 인도하는 사도가 되려고 애써야 합니다.

921 사도적인 영혼이여, 그대는 소금입니다.
"소금은 좋은 것이다. Bonum est sal." 이는 복음서의 한 줄입니다. 그런데 "만일 소금이 짠맛을 잃으면 si autem sal evanuerit" 그것은 아무 짝에도 쓸모가 없고 땅이나 거름에도 쓸모가 없어지고 맙니다.
사도적인 영혼이여, 그대는 소금입니다. 그러나 만일 짠맛을 잃으면….

922 나의 영적 자녀여, 그대가 그대의 사도직을 사랑한다면 그대가

하느님을 사랑하고 있다는 것이 확실합니다.

923 그대 사도직이 분명히 '느껴지는' 날, 그 사도직은 지상과 지옥 원수들의 모든 공격을 막아주는 방패가 되어줄 것입니다.

924 그대는 언제나 그대 자신과 사도직 동료들의 성소를 지켜달라고 기도하십시오. 우리의 적, 악마는 여러분이 놈에게 아주 큰 적이라는 사실을 잘 알고 있습니다. … 그래서 여러분 가운데 누가 쓰러지는 것을 보면 놈은 얼마나 좋아하는지 모릅니다!

925 신중한 수도자들이 자기네 단체나 수도회 첫 회원들의 모범을 따르기 위해 그들이 어떻게 생활했는가를 알려고 애쓰듯이, 그리스도인인 그대도 베드로와 바울로와 요한 사도와 함께 하여 주님의 죽음과 부활을 목격한 거나 다름없는 예수님의 제자들을 알고 본받으려고 노력하십시오.

926 그대가 물었으니 대답하겠습니다. 그대의 완덕은 하느님께서 권위를 지닌 분들을 통해 그대에게 정해준 그 장소에서, 그 직무에서, 그 지위에서 완전하게 살아가는 데 있습니다.

927 서로를 위해 기도하십시오. 한 사람이 흔들린다고요?… 그리고 다른 사람이?…

평화를 잃지 말고 기도를 계속하십시오. 몇이 떠난다고요? 몇을 잃게 된다고요?… 주님께서는 영원 이전부터 여러분 모두를 세어두셨습니다.

928 그대가 옳습니다. 그대는 편지에 이렇게 썼습니다. "산 정상에서 수 킬로미터 전방을 바라보아도 평지라곤 보이지 않습니다. 산 너머 산입니다. 혹 어느 곳은 평평해 보이기도 하지만 안개가 걷히면 감춰진 다른 산맥이 드러납니다."

그렇고 말고요. 그대의 사도직 지평은 반드시 그런 것이어야 합니다. 우리는 세상 곳곳을 가로질러야 합니다. 그러나 여러분을 위해 마련된 길은 없습니다. 산을 가로질러 가면서 여러분 스스로의 발자국으로 길이 다져질 것입니다.

사 도

929 그대 가슴 위의 십자가? 좋습니다. 그렇지만 어깨 위에도, 육신에도 십자가를. 그리고 지성에도 십자가를. 그래야만 그대는 그리스도를 위해, 그리스도와 함께, 그리스도 안에서 살게 될 것입니다. 반드시 그래야만 사도가 될 것입니다.

930 사도적인 영혼이여, 먼저 자신을 살피십시오. 우리 주님께서 성 마태오를 통해 이렇게 말씀하셨습니다. "심판의 날이 왔을 때 많은 사람이 내게 와서 말할 것이다. '주님, 주님, 우리가 주님의 이름으로 예언을 하고 주님의 이름으로 마귀를 쫓아내고 또 주님

의 이름으로 기적들을 행하지 않았습니까?' 그때 나는 분명히 그들에게 말할 것이다. '악한 일을 일삼는 자들아, 나에게서 물러가라. 나는 너희를 도무지 알지 못한다.'"

성 바울로는 이렇게 말합니다. "이것은 내가 남들에게는 이기자고 외쳐놓고 나 자신이 실격자가 되지 않게 하려는 것입니다."

931 천재적인 전술을 지닌 성 이냐시오는, 사탄이 수많은 악령을 불러모아 한 사람도 남김없이 세상 사람들을 모조리 족쇄와 사슬로 묶으라는 '설교'를 하고는 놈들을 각 국가에, 도시에, 그리고 마을에 파견하는 내용을 우리에게 보여줍니다.

그대는 지도자가 되길 원한다고 말했습니다. …사슬에 묶인 지도자가 무슨 쓸모가 있겠습니까?

932 보십시오. 사도들은 명백하고 부정할 수 없는 자신들의 나약함에도 불구하고 솔직하고 단순하고… 투명했습니다.

그대도 명백하고 부정할 수 없는 그런 나약함을 지니고 있습니다. 그대에게 단순함이 결핍되지 않기를.

933 주님께 기도 중에 말씀드리고 있는 어느 영혼의 이야기입니다. "예수님, 저는 당신을 사랑합니다."

그러자 하늘에서 응답이 들려왔습니다. "사랑은 달콤한 말이 아니라 행실이다."

그대도 이런 부드러운 꾸중을 들어 마땅하지 않나 생각해보십시오.

934 그대가 지녔으면 하는 사도적인 열의는 거룩한 열정인데, 그 중세는 이렇습니다. 전능하신 스승을 대하고자 하는 갈망, 영혼들에 대한 끊임없는 우려, 어떤 것에도 흔들리지 않는 인내.

935 이미 얻은 성공에 취하여 쉬지 마십시오. 인간적으로 말해서, 만일 그 상태가 편하지도 걸맞지도 않다면 그 성공이 지금처럼 그대의 것이 아니라 하느님의 것일 때는 어떻겠습니까?

936 그대가 사도직을 하러갈 때는 자신의 견해를 주입시키기 위해서가 아니라 순명하기 위해서, 자신을 비우기 위해서 가는 것입니다.

937 절대 활동은 많고 기도는 적은 그런 사람이 되지 마십시오.

938 하느님을 위해서 일하는 사람들이 안락함과 편안함에 젖는 것을 보고 좋지 않다고 생각될 때, 그대는 스스로 그것들을 거부하면서 살아가려고 노력하십시오.
그대 자신이 복음이 말하는 밀알 한 알이라는 것을 기억하십시오. 땅에 묻혀 죽지 않으면 열매를 맺지 못할 것입니다.

939 세속의 사람이되 세속적인 사람은 되지 마십시오.

940 일치는 생명의 증표라는 것을 잊지 마십시오. 분열은 부패한 것이며 죽음의 확실한 표시입니다.

941 순명… 확실한 길. 지도자에게 무조건 순명… 성화의 길. 사도직에서 순명은 유일한 길입니다. 왜냐하면 하느님 사업의 정신은 반드시 순명하든지 아니면 떠나야 하는 것이기 때문입니다.

942 나의 영적 자녀여, 그대가 그저 좋은 일을 하기 위해서 다른 영혼들과 맺어진 영혼이 아니라는 것을 기억하시오.
그 일은 제법 크긴 하지만 여전히 작습니다. 그대는 그리스도의 절대적인 명령을 수행하는 사도입니다.

943 한번은 어떤 사람이 자기 머리를 가리키면서 "나는 정의롭다는 인간들 때문에 이 머리 위까지 넌더리가 났어!" 하고 외쳤습니다. 다른 사람들이 그대를 대할 때는 그런 말이 나오지 않게 하십시오.

944 그대는 다른 사람들에게 하느님에 대한 사랑과 영혼들을 위한 열정을 불러일으켜 그들이 제 3자를 불태우고, 또 그 3자들이 직장동료들에게 불을 퍼뜨리게 해야 합니다.

얼마나 많은 영적 칼로리가 그대에게 필요한지! 만일 그대가 식는다면 얼마나 엄청난 책임을 져야하는지! 그리고 이것은 내가 상상조차 하기 싫은 일인데, 그대가 만일 나쁜 본보기를 보인다면 그 얼마나 끔찍한 죄악이겠습니까!

945 하느님의 말씀을 비판적인 마음으로 듣는 것은 나쁜 기질을 가지고 있는 것입니다.

946 여러분이 세상에서 하느님께 헌신하고자 한다면 지성인이 되기에 앞서 기도를 통해 주님과 아주 깊이 일치해있는 영적인 사람이 돼야 합니다. *여성은 지성인이 안되더라도 신중하면 되지만 여러분은 여러분의 모든 감각과 신체기능 하나하나를 다 덮는, 보이지 않는 겉옷을 걸치고 다녀야 합니다. 기도하고, 기도하고, 또 기도하는 것. 속죄하고, 속죄하고, 또 속죄하는 것.

---

* "내 앞에 두 개의 길이 보인다. 하나는 내가 공부해서 학자가 되는 것이다.(나는 이 일이 가능하고 마음에 든다) 다른 하나는 나의 욕망을 희생하는 것이다. 무식한 사랑으로써가 아니라 신중하기만 하면 되는 길이다. 나의 길은 두 번째다. 하느님은 내가 성화를 이루어 하느님의 일을 하길 원하신다."

이 글은 호세마리아 성인이 1932년에 자신의 수첩에 적어놓은 내용이다. 성 호세마리아는 당시의 남성 우월적 시대적 배경에서도 결코 여성을 경멸하지 않았고 오히려 여성들도 남성들과 똑같이 사회적, 직업적인 면에서 성화를 이룰 수 있다고 주장했다. 단지 '학자'나 '박사'가 되기 이전에 속죄와 기도를 통한 하느님과의 결합이 더 중요하다고 생각했기에 여성들뿐 아니라 자기 자신도 학자가 되기보다는 '신중한' 사람이 되어 하느님의 뜻을 따르는 것이 좋다고 믿었던 것이다.

947 그대가 하고 있는 사도직이 획일적이 아니라고 내가 칭찬했을 때 그대는 놀라더군요. 그래서 내가 이렇게 말했습니다.

일치와 다양성. 여러분은 다양해야 합니다. 마치 하늘에 계신 성인들이 서로 다른 것처럼 말입니다. 그들 각자는 개성과 아주 독특한 성격을 지니고 있습니다. 그러나 또한 성인들을 따라 일치해야 합니다. 성인들이 자신을 그리스도와 일치시키지 않았다면 그분들은 성인이 못되었을 테니까요.

948 하느님의 특별한 사랑을 받는 아들이여, 우애를 느끼며 살아가십시오. 그러나 지나치게 허물없이 지내는 것은 곤란합니다.

949 사도직에서 어떤 지위를 차지하려는 야망은 현세의 삶에서는 무모한 짓이고 영생을 위해서는 위험한 짓입니다.

하느님께서 원하신다면 그대를 부르실 것입니다. 그때 가서는 그것을 받아들여야 합니다. 그러나 어느 곳에 있든 그대는 자신을 성화할 수 있어야 하고 또 성화해야 합니다. 그것이 그대가 거기 있는 이유입니다.

950 만일 그대가 그리스도를 위해 일하면서 맡은 직책을 짊어져야 할 짐이 아닌 다른 어떤 것으로 생각한다면 쓰디쓴 일이 얼마나 많이 기다리는지!

951 사도직 사업의 우두머리가 된다는 것은 끝없는 사랑으로 모든 것과 모든 이를 견뎌내는 것을 각오하는 것입니다.

952 사도직에 있어서 불순명이나 이중성은 용서받을 수 없습니다. 단순함은 경솔함도 무분별함도 아니라는 것을 명심하십시오.

953 그대는 사도직 최고 책임자와 그의 지향을 위해 기도와 희생을 바쳐야 합니다. 그대가 이 의무를 소홀히 한다면, 자신의 길에 대한 열정이 부족하다고 생각할 수밖에 없습니다.

954 윗사람이 그대와 상의할 때 그대가 반대의견을 갖고 있다면 최대한 공손하십시오. 또 그가 틀렸다 하더라도 아랫사람들 앞에서 결코 반박하지 마십시오.

955 사도직을 수행할 때, 외부 적들의 힘이 아무리 대단해도 두려워하지 마십시오. 막강한 적은 바로 이것입니다. 그대의 '자녀다운' 정신과 '형제적' 정신의 결여.

956 하느님과 사도직 형제들과 일치하는 한, 강력한 적으로부터 그대가 경멸을 당한다 해도, 그대가 웃음으로 넘겨버린다는 것을 나는 잘 이해합니다.
그대에게 그게 어때서요?

957 나는 사도직을 기계에 비교하곤 합니다. 톱니바퀴, 피스톤, 밸브, 나사 등등….

그렇다면 사랑은, 그대의 사랑은 윤활유입니다.

958 영혼들이 그대에게 다가가는 것을 막는 그 '자기만족의 기분'을 버리십시오. 그들의 말에 귀기울이고 순수하게 말하십시오. 그래야만 그대의 사도직이 성장하고 열매를 맺을 것입니다.

959 경멸과 박해는 하느님께서 특별히 사랑하신다는 축복의 증표입니다. 그러나 그보다 더 아름다운 사랑의 증거와 표시는 이것입니다. 남의 눈에 띄지 않는 것.

사도직

960 큰 바다의 외침이 낱낱의 파도소리들로 이루어진 것처럼, 여러분이 수행하는 사도직의 신성함도 각자의 개인적인 덕으로 이루어집니다.

961 그대는 반드시 '하느님의 사람', 내적 생활을 하는 사람, 기도와 희생을 바치는 사람이 되어야 합니다. 그대의 사도직은 반드시 '내적' 삶이 흘러넘치는 것이어야 합니다.

962 일치. 일치와 순명. 시계가 제시간을 알려주지 못한다면, 설령 그

부품들이 각각 제 아무리 훌륭하다한들 무슨 소용이 있겠습니까?

963 그대들의 일터에 '파벌'을 조성하지 마십시오. 그것은 사도직을 축소시킵니다. 왜냐하면 만일 어느 '파벌'이 보편사업을 통솔하게 된다면… 그 보편사업은 순식간에 '파벌'로 망하고 말 것입니다!

964 "길이 너무 많습니다!" 그대는 낙심해서 내게 말했습니다. 많아야 합니다. 모든 영혼들 각자가 그 멋진 다양성 안에서 자신의 길을 찾을 수 있도록 말입니다.
혼란스럽다고요? 단번에 선택하십시오. 그러면 혼돈은 확신으로 바뀔 것입니다.

965 남들이 훌륭한 사도직에서 일하는 것을 보면 기뻐하십시오. 그들에게 풍성한 은총을 주시라고, 또 그 은총에 응답하게 해주시라고 하느님께 기도하십시오.
그리고 나서 그대의 길을 가십시오. 그대에게 다른 길이 없음을 명심하십시오.

966 남들이 그대의 협조를 청하지 않고 그리스도를 위해 일하는 것이 마음을 상하게 한다면, 그것은 그대의 생각이 잘못되었기 때

문입니다. 성 마르코의 이 구절을 기억하십시오. "'선생님, 어떤 사람이 선생님의 이름으로 마귀를 쫓아내는 것을 보았는데 그는 우리와 함께 다니는 사람이 아니었습니다. 그래서 그런 일을 못 하게 막았습니다.' 하고 말하였다.

예수께서는 '말리지 말아라. 내 이름으로 기적을 행한 사람이 그 자리에서 나를 욕하지는 못할 것이다. 우리를 반대하지 않는 사람은 우리를 지지하는 사람이다.' 하고 말씀하셨다."

967 하느님의 사랑이 결여된 채 그처럼 많은 외적인 일로 바쁜 것은 쓸모없는 짓입니다. 그것은 마치 실이 없는 바늘로 옷을 꿰매는 것과 같습니다.

결국 '그대의' 사도직을 한 것이지, '그분의' 사도직을 한 것이 아니라면 얼마나 괴롭겠습니까?

968 기쁘게 그대에게 강복합니다. 나의 영적 자녀여, 그대는 사도직 에 대한 믿음을 가지고 내게 이렇게 편지했습니다. "의심의 여지 없이 미래는 확실합니다. 우리가 잘못한다 하더라도. 하지만 기 도와 희생을 통해서 머리이신 그분과 하나가 되는 것이 꼭 필요 합니다. 하나가 되게 하소서! Ut omnes unum sint!"

969 활동은 다른 사람들에게 맡겨놓은 채 기도하고 고통받고 있는 사람들은 이 지상에서는 빛나지 않습니다. 그러나 생명의 왕국

에서는 그들이 쓰고 있는 월계관이 얼마나 빛날지! '고통을 통한 사도직'은 복되도다!

970 내가 그대의 신중한 사도직을 '조용하고 효과적인 사명'이라고 부른 것은 사실입니다. 나는 그 말을 바꿀 생각이 없습니다.

971 나는 그대가 초대 그리스도인들에 대해 갖고 있는 신심을 높이 평가합니다. 그래서 그대도 그들처럼 매일 더욱 열성적으로 신중과 친교라는 그 효과적인 사도직을 수행하라고 최선을 다해 장려할 것입니다.

972 그대가 '신중과 친교라는 사도직'을 수행할 때, 무슨 말을 해야 할지 모른다고 말하지 마십시오. 시편의 말씀을 그대에게 상기시키겠습니다. "주님은 사도들의 말을 효과적으로 가득 채워주실 것입니다. Dominus dabit verbum evangelizantibus virtute multa."

973 흔들리고 있는 그대 친구의 귀에 대고 아주 적합한 때에 속삭여 줄 말. 방향을 설정해주는 적절한 대화, 그의 학문을 향상시킬 전문적인 조언, 그의 열정이 되살아나도록 마음에 두고 있던 말을 넌지시 던져서 그에게 생각지도 않은 지평을 열어주는 신중함…. 이 모든 것이 '친교의 사도직'입니다.

974 '식탁에서의 사도직!' 이는 베다니아의 따뜻한 형제애를 함께 나누던 옛 선조들의 접대방식입니다. 이것을 실천할 때 우리는 라자로의 집에서처럼 식탁을 주재하시는 예수님을 엿보는 듯 합니다.

975 대중의 축제일과 관습을 그리스도교화 하는 것이 시급합니다. 유치하지 않으면 비신자적인 구경거리를 택할 수밖에 없는 딜레마를 해결함이….
'오락을 통한 사도직'이라고 부를 수 있는 이 시급한 일을 행하는 사람이 있게 해달라고 주님께 청하십시오.

976 그대는 '편지를 통한 사도직'을 매우 칭찬했습니다. 그대는 이렇게 말했지요. "저는 어떤 말로 편지를 시작해야 제 편지를 받게 될 사람에게 도움을 줄 수 있을지 모릅니다. 편지에서 내가 바라는 것은 그에게 도움을 주는 것뿐이라고 수호천사에게 말하고 나서 쓰기 시작합니다. 그러면 제가 허튼 소리를 써보냈다 하더라도, 편지받는 영혼이 제일 필요로 하는 것에 대해 기도한 그 시간은 누구도 나와 그 사람으로부터 빼앗지 못합니다."

977 "그 편지는 아무 이유없이 우울한 어느 날 도착했는데, 다른 사람들이 얼마나 열심히 일하고 있는가를 알게 해주어 굉장한 활력을 얻게 되었습니다." 다른 편지는 이랬습니다. "신부님의 편

지와 제 형제들에 관한 소식은 제가 처한 현실에서 행복한 꿈을 꾸게 해주었습니다." 또 다른 편지는 이랬습니다. "이런 편지를 받아본다는 것과 제가 그런 이들의 친구인 것을 알게 돼서 얼마나 기쁜지 모릅니다!" 또 수천 통의 편지는 이랬습니다. "제가 누구 누구의 편지를 받고 나서 제 마음 자세가 그들보다 부족하다는 것을 알고는 그만 부끄러웠습니다."

'편지를 통한 사도직'이 효과적이라는 것, 사실 아닙니까?

978 "나를 따라 오너라. 내가 너희를 사람 낚는 어부가 되게 하겠다. Venite post me, et faciam vos fieri piscatores hominum." 이는 주님께서 뜻없이 하신 말씀이 아닙니다. 사람들을 낚을 때도 물고기를 낚듯이 머리쪽으로 낚아야 합니다.

'지성을 통한 사도직'에 들어있는 복음적 깊이란!

979 가치없는 것을 경멸하는 것은 인지상정입니다. 그렇기 때문에 나는 그대에게 '거저 주지 않는 사도직'을 실천하라고 권고했던 것입니다.

만일 그대의 직업이 사도직 도구라면 그대는 그 일을 할 때 적당한 금액을 정당하게 요구하는 것을 결코 소홀히 하지 마십시오.

980 "우리라고 해서 다른 사도들이나 주님의 형제들이나 베드로처럼 그리스도 안의 한 자매인 여자들을 데리고 다닐 권리가 없단

말입니까?"

이는 성 바울로께서 고린토인들에게 보낸 첫째 편지에서 하신 말씀입니다. 사도직에서 여성들의 협조는 절대 경멸 못합니다.

981 "그 뒤에 예수께서 여러 도시와 마을을 두루 다니시며 하느님 나라를 선포하시고 복음을 전하셨는데 열두 제자도 같이 따라다녔다." 이 대목을 루가 복음 8장에서 읽을 수 있습니다. "또 악령이나 질병으로 시달리다가 나은 여자들도 따라다녔다. 일곱 마귀가 나간 막달라 여자라고 하는 마리아, 헤로데의 신하 쿠자의 아내인 요안나, 그리고 수산나라는 여자를 비롯하여 다른 여자도 여럿 있었다. 그들은 자기네 재산을 바쳐 예수의 일행을 돕고 있었다." 나는 이 말들을 그대로 베낍니다. 어느 여성이 이 글을 읽고 거룩한 질투로 가득차 열매를 맺게 되길 하느님께 기도합니다.

982 고통의 시간에 여성이 남성보다 강하고 충실합니다. 막달라 여자 마리아와 글레오파의 마리아와 살로메를 보십시오!
고통의 동정녀 성모 마리아와 긴밀하게 연결된 용감한 여성들과 함께 한다면, 이 세상에서 영혼들을 위해 얼마나 거대한 사업을 할 수 있겠습니까!

인 내

983 시작은 모든 사람이 할 수 있지만, 인내하는 것은 성인들의 것입니다.

그대의 인내가 첫 충동의 맹목적인 결과가 아니라 습관화된 것이기를, 또 그것이 묵상을 통한 인내이기를.

984 "당신께서 부르셨으니, 제가 여기 있나이다! Ecce ego quia vocasti me!" 그분께 이렇게 말씀드리십시오.

985 그대는 길을 벗어났습니다. 그리고 그 사실이 부끄러워 돌아오

지 않습니다.

실은 그대가 돌아오지 않는 것을 부끄러워하는 것이 더 마땅합니다.

986 "사실 극단적인 일을 하고 인내하기 위해, 뭐 영웅이나 된 양 이상한 짓을 하거나 우쭐거릴 필요가 없습니다."

그리고 그대는 덧붙였습니다. "신부님이 정해주신 '규칙들'에 충실하는 한, 저는 제 환경의 올가미나 헛소리들을 걱정하지 않을 것입니다. 오직 제가 걱정하는 것은 그런 경솔한 사람들을 두려워한다는 점입니다."

훌륭합니다.

987 그대 안에 막 태어난 그 가장 고상한 이상을 북돋우고 잘 보호하십시오. 봄에 많은 꽃이 피지만 열매를 맺는 꽃은 얼마 안된다는 것을 생각해보십시오.

988 실망은 그대 인내의 적입니다. 그대가 실망과 투쟁하지 않는다면 처음에는 염세적이다가 나중에는 미지근함에 빠질 것입니다. 낙천적인 사람이 되십시오.

989 아니, 저런! 그렇게도 "십자가를, 주님, 십자가를 주십시오!" 하더니만, 그대의 마음에 드는 십자가만을 원했다는 사실이 드러

나고 말았군요.

990 절대로 흔들리지 않는 꾸준함. 그대는 그게 부족합니다. 주님께 그것을 청하고 또 그것을 얻기 위해 노력하십시오. 꾸준함이야 말로 그대가 시작한 풍요로운 길에서 벗어나지 않게 해주는 훌륭한 방법이기 때문입니다.

991 그대는 '올라' 갈 수 없습니다. 쓰러지는 것은 이상한 일이 아닙니다!

인내하십시오. 그러면 그대는 '올라' 갈 것입니다. 어느 영성 작가의 이 말을 기억하십시오. "그대의 불쌍한 영혼은 아직도 날개에 진흙이 묻어있는 새와도 같다."

그대의 날개에 달라붙어있는 진흙과 같은 그런 속성들, 그런 헛된 공상들, 그런 의기소침을 제거하기 위해선 하늘의 태양과 작지만 꾸준한 개인적 노력이 필요합니다.

그러면 그대는 자유로워질 것입니다. 인내하면, 그대는 '올라' 갈 것입니다.

992 그대를 도와주신 하느님께 감사드리고 그대의 승리를 기뻐하십시오. 은총에 응답한 뒤 그대의 영혼이 느끼는 즐거움은 얼마나 깊은지!

993 그대는 썩… 냉정하게 말합니다. 일을 포기할 만한 동기가 얼마나 많은지! 어떤 것은 아주 결정적으로 보입니다.

여러 이유를 가지셨군요. 하지만 그대는 틀렸습니다.

994 "제 열정이 사라졌습니다." 하고 그대는 내게 편지했습니다. 그대는 열정 때문이 아니라 하느님 사랑 때문에 일해야 합니다. 의무를 자각함으로써, 자기를 부정함으로써.

995 확고부동함. 그대는 반드시 그래야 합니다. 남들의 나약함이나 자신의 나약함 때문에 그대의 인내가 흔들린다면, 나는 그대의 이상이 형편없는 것이라고 생각할 수밖에 없습니다.

단호히 결심하십시오.

996 그대의 열정이 식어가는 것을 느끼고 이상을 잃어버렸다는 생각이 든다면 그대가 갖고 있던 이상은 초라한 것입니다. 그때는 시련의 시간입니다. 그래서 마음의 위로도 받지 못하게 한 것입니다.

997 멍하니 있는 것. 고립. 이는 그대의 인내를 시험하는 시련들입니다. 미사 성제, 기도, 성사들, 극기의 행실, 성인들의 통공! 이것들은 시련을 극복하게 해주는 무기들입니다.

998 오, 물레바퀴를 돌리는 당나귀의 인내는 복되도다! 언제나 같은 걸음으로 언제나 같은 원의 둘레를. 오늘도 내일도, 매일 한결같이.

그것이 없다면 열매도 익지 않을 것이고, 과수원엔 무성함도 없고, 정원엔 향기도 없을 것입니다.

그대의 내적 생활에 이런 생각을 지니십시오.

999 인내의 비결이 뭐냐고요? 사랑. 사랑에 빠지십시오. 그러면 그분을 떠나지 않게 될 것입니다.

주제색인

(ㄱ)

■ 가난 630부터 638까지; 가난의 정신, 300, 519, 630-635, 637, 717, 829, 979; 관대함, 도량이 넓음, 446-468, 481, 487, 527, 636, 638; 초연, 147-152, 189, 194, 676, 770, 786, 938. 초연 참조.

■ 감각들을 지키기 183, 184, 214, 222, 231, 281; 회상, 283, 288; 304, 368, 375. 절제, 정결 참조.

■ 감사 268, 434, 512, 524, 658, 693, 894, 901; 사의, 356, 437, 441, 521, 539, 608; 하느님의 관대하심에 대한 응답, 171, 182, 242, 313, 425, 791.

■ 개인성화 387부터 416까지; 내적 투쟁, 133, 164, 290, 311, 707, 708; 누룩이 되기, 1, 835, 837, 929, 934, 944, 960; 다른 사람들을 성화시키기, 387-389, 796, 801, 831, 842, 930; 보편적인 성소, 282, 291, 301, 323, 857; 봉헌, 146, 293, 313, 364, 791, 830, 933; 성화, 하느님의 일, 57, 58, 273, 321, 475, 534; 성화와 작은 일들, 327, 813-819, 822-827; 성화의 갈망들, 39, 250, 284, 316, 317, 320, 326, 874; 성화의 인간적 토대, 22, 350, 408-411, 574, 683, 877; 세상 한 복판에서의 성화, 301, 510, 543, 832, 840, 926, 939, 946; 시작하고 다시 시작하는 것, 292, 404, 406, 711, 719, 887; 예수 그리스도를 모방함, 271, 299, 382, 416, 584, 721, 781, 807; 인내, 285, 324, 983, 986, 991, 992, 998, 999; 일에서, 335, 337, 343, 346, 347, 356, 359, 799; 초자연적 삶, 82, 107, 272, 289, 375, 377, 533, 961; 하느님의 뜻, 순종, 56, 60, 617, 618, 756, 766, 774; 하느님의 사랑, 애덕, 174, 303, 402, 412, 413, 933.

■ 게으름 11, 13, 21, 23, 354-358, 935; 내적 생활에서, 325-331; 영웅적인 순간들, 17, 78, 191, 206, 253; 일에서, 15, 337, 343, 348. 덕 참조.

■ 견인 5, 11, 12, 361, 460, 696; 겸손, 314, 462, 603, 604, 610, 728, 729; 굳건함, 20,

294 길

33, 44, 48, 54, 193, 295, 519, 615; 금욕적인 투쟁 4, 19, 22, 167, 325, 853 ; 성모님의 도우심, 508, 515, 982. 굳건함, 어려움들, 용기, 의지, 참음 참조.

■ 결심 247부터 257까지; 구체적인 결심, 192, 247, 249, 252-254, 290, 298; 성화를 위한 투쟁 중에, 39, 248, 250, 256, 289, 305; 인내, 123, 167, 176, 251, 255, 257, 776.

■ 결혼 '혼인성사' 참조.

■ 겸손 589부터 613까지; 겸손과 애덕, 118, 430, 446; 겸손과 인간적인 덕, 43, 51, 351, 352, 365, 603, 610; 교만에 대한 투쟁, 200, 599-601, 611-613, 620, 674, 727; 굴욕의 가치, 165, 589, 594, 698, 771; 기본 덕목, 590, 592, 602, 604, 832; 봉사, 185, 293, 484, 485; 성모님, 507, 509, 598, 653; 우리를 잊음, 177, 204-207, 625, 676, 677, 726; 우리의 나약함 앞에서의 겸손, 197, 211, 433, 475, 596, 605, 711, 712; 자기 인식, 45, 593, 595, 608, 609, 882; 좋은 의미에서의 신격화, 16, 274, 473, 592, 731; 주님의 겸손, 432, 533, 538, 606, 607, 671; 하느님을 아는 지식, 212, 252, 591, 597, 729, 780. 교만, 자기 인식 참조.

■ 경솔 17, 18, 41, 42, 374, 939; 바로잡기, 13, 50, 333, 343, 375, 564, 590.

■ 고백 211, 309, 310, 521, 605.

■ 고통 194, 208, 209, 215, 217, 419, 439, 699, 969; 고통의 성모님, 506-509, 982; 믿음과 희망, 199, 229, 230, 256, 692, 717, 726, 727; 보속의 정신, 169, 182 219, 224, 234, 436, 548, 690, 885; 하느님의 뜻, 213, 294, 691, 718, 722. 병, 십자가 참조.

■ 공부 332부터 359까지; 공부를 성화시킴, 333, 335, 337, 341, 343, 345, 359; 사도직, 338, 340, 344, 347, 602, 978; 시간의 선용, 354-358; 예사롭지 않은 의무, 332, 334, 336, 348.

■ 과학 282, 332, 336, 339, 340, 345, 782; 지성의 사도직, 338, 340, 344, 347, 467,

836, 849, 978.

■관용 29-32, 452, 466, 468, 689, 915, 918; 우리 주님의, 157, 299, 437, 670, 776, 779, 791; 하느님과 함께, 221, 413, 420, 669, 807, 829, 834.

■교리형성 '정신형성(교리적인)' 참조.

■교만 413, 485, 599-601, 611, 683, 780-783; 교만과의 투쟁, 177, 589, 602, 612, 613, 677, 709, 784, 949; 표출, 25, 31, 48, 119, 200, 260, 351, 620, 698. 겸손, 허영 참조.

■교양 332-334, 336, 339, 344, 345, 372, 467; 사도직, 338, 340, 342, 345-347, 인간적인 덕 350-352, 877, 947.

■교황 520, 573, 800, 898, 968.

■구속 (救贖), 공동구속, 550, 764, 796, 801, 811, 831, 904, 982; 구속, 하느님의 일, 1, 475, 479, 695, 755, 830, 911, 928, 942; 하느님의 왕국, 11, 301, 426, 472, 832, 833, 906, 914.

■굳건함 44, 48, 144, 193, 194, 295, 343, 615; 그리고 사도직을 위해, 19, 54, 610, 833, 850; 성모님의 모범, 507, 508, 982; 성화를 위해 필요한, 20, 22, 123, 696, 853-855, 858, 877, 888. 견인 참조.

■금욕 172부터 207까지; 감각의 금욕 181-184, 193, 196, 222, 368, 677, 679-682; 결실 172, 180, 198, 199, 701, 929, 949; 내적금욕 13, 43, 173, 174, 177, 181, 188, 201, 631, 689; 보속 200, 202, 221, 224, 232, 233; 성십자가 163, 175, 178, 193, 203, 277, 647,775; 성모님 508, 509; 일상 샐활에서 17, 20, 44, 85, 205, 373; 의미 169, 179, 182, 187, 194, 195, 299; 작은 보속들 191, 204, 206, 223, 885, 899; 투쟁의 정신 5, 208, 210, 214, 215, 218, 227, 231, 696; 희생 186, 189, 306, 635, 683, 763, 834,

881.

■기도 81부터 117까지; 기도와 애덕, 460, 461, 464, 546, 547, 924, 968; 기도의 가치, 81-83, 98, 107, 172, 663, 937; 기도의 내용, 91, 102, 116, 117, 451; 담대함, 영적 어린이, 111, 303, 402, 403, 888, 892; 묵상 시간, 90, 92, 97, 106, 266, 304, 319, 889-891; 사도직을 위하여, 89, 105, 108, 800, 804, 911, 927; 성모님과 성 요셉, 502, 513-516, 561; 염경 기도, 84, 85, 553, 574; 끊임없는 기도, 103, 110, 145, 271, 894, 946; 우리들의 일에서, 109, 335, 825, 895; 전례 기도, 86, 87, 522-524; 하느님과의 대화, 88, 93, 114, 115; 확신에 차고 꾸준한, 94-96, 99-101, 104, 113, 142, 321, 893, 990. 회상 참조.

■기부금 466-468, 636, 638.

■기쁨 657부터 666까지; 관대함에서 오는, 237, 255, 308, 696, 704, 807, 992; 믿음의 열매, 203, 297, 657, 770, 906; 세상에 기쁨을 뿌리기, 548, 661, 965; 십자가 형태로 된 그 뿌리들, 217, 626, 658, 660, 671, 672, 692, 758; 포기에서 오는, 659, 758, 766, 768; 항상 기뻐함, 29, 260, 298, 662-666, 879.

■기적 362, 376, 462, 583, 586, 588, 629.

■기준, 견인과 자제, 349, 369, 603, 610, 676, 677, 703, 717; 신중과 정의, 372, 384, 400, 407, 449, 485, 589, 642, 655, 702; 초자연적 관점, 344, 353, 386, 565, 579, 584, 585, 608, 658; 정신형성과 조언. 26, 33, 59-63, 266, 332-340, 345-347. 정신형성 참조.

■꿈(헛된) '바라고 있는 생각들' 참조.

(ㄴ)

■낙천주의 40, 415, 472, 476, 482, 988; 믿음의 귀결, 474, 483, 487, 717, 719, 792, 875; 최상의 것이라 생각하여, 378, 404-406, 473, 879.

■내적 투쟁 707부터 733까지; 미지근함, 257, 325, 327-331; 생활 계획과 지도, 76-80, 715, 727, 899; 성모님을 신뢰함, 493, 513-516; 성화는 투쟁을 의미한다, 133, 290, 326, 433, 709, 724; 시작하고 다시 시작하는 것, 245, 292, 404, 711, 712, 719; 유혹, 127, 132, 138, 140, 167, 170, 434, 714; 인내, 39, 285, 718, 723, 991-996; 초자연적 스포츠, 295, 318, 406, 822; 투쟁법, 19, 149, 205, 298, 307, 545, 716, 788; 포기, 721, 722, 728-730, 732, 733; 필요성, 248, 300, 308, 311, 708, 933; 희망, 263, 707, 717, 720, 725, 731, 751. 유혹 참조.

■눈에 띄지 않게 지나감 410, 449, 635, 647, 651, 655, 832, 843, 959; 그리스도의 숨은 생활, 94, 356, 491, 840; 사도직, 347, 643, 649, 835, 837, 848, 908, 917, 946, 969, 970; 성모님의 삶, 499, 507, 509, 510, 653. 겸손 참조.

■뉘우침 436, 712, 725; 동정 마리아님, 503, 506; 사랑의 고통, 246, 328, 403, 439, 441; 회한, 200, 244.

(ㄷ)

■다른 사람들을 이해함 443, 448, 456, 463, 675; 용서, 446, 452, 686, 698.

■단순함 64, 259, 305, 379, 581, 840, 862, 932, 952, 958; 하느님과 사귈 때, 47, 509, 510, 868, 879, 881-883, 893, 896.

■담대함 387-392, 401, 479, 482; 그리고 사도직에서, 16, 792, 841, 851; 신적 자녀다움의 담대함, 402, 403, 405, 406, 497, 857, 896. 용기 참조.

■덕 667부터 684까지; 인간 특성적 덕, 79, 180, 410, 657; 초자연적 삶에서, 323, 492, 667, 727, 826. 성격 참조.

■덕(인간적인) 2, 121, 124, 367, 657, 858, 939, 947; 사도직에서, 351, 803, 849, 943, 952, 958, 973−976,. 979; 초자연적 덕의 토대, 22, 56, 133, 350, 408, 409, 853, 877, 888, 943.

■도량이 넓음 7, 16, 24, 28, 52, 527, 636; 고상한 야망, 112, 525, 825, 874, 911, 912.

■독서(영적) '영적 독서' 참조.

(ㅁ)

■마리아님 '성모님' 참조.

■마음 146부터 171까지; 마음이 넓은, 525, 764, 912; 성모님, 504, 516; 예수 그리스도를 사랑하기, 102, 153−157, 161, 164, 165, 171, 402, 421, 422, 917; 올바른 마음, 130, 148, 162, 432, 687, 769; 자신의 마음을 지키기, 147, 150, 158−160, 188; 자유와 자신을 굴복시킴, 145, 146, 163, 166, 167, 170, 434, 477, 666; 초연, 149, 151, 152, 636, 678, 726. 하느님의 사랑 참조.

■맡김, 성모님께, 498; 신뢰하는 투쟁, 113, 721, 722, 728−730, 732, 733; 하느님의 뜻에 복종함, 659, 691, 756, 758, 760, 766−768.

■면죄 '용서' 참조.

■모범 275, 370, 380, 411, 491, 596, 795, 943; 그리스도인의 증언, 197, 342, 371, 372, 376, 831, 842, 938; 자신의 의무 이행, 362, 640, 687, 995. 행동 참조.

■미사성제 528부터 543까지; 성미사에 대한 사랑, 528, 529, 541, 543; 영성체, 일치, 117, 532, 534−536, 539, 540, 710, 896; 참된 현존, 87, 88, 432, 438, 531, 537, 538,

843; 희생, 530, 533.

▪미지근함 325부터 331까지; 영적인 게으름, 16, 30, 414, 616, 675, 683, 724, 921, 944; 원인, 260, 326-330, 354, 713, 828, 935, 988; 증세, 257, 331, 348, 364, 529, 530, 662; 치유책, 92, 311, 316, 318, 325, 492, 551, 822.

▪믿음 575부터 588까지; 겸손한 믿음, 142, 471-474, 497, 580, 581, 998; 믿음의 생활, 40, 274, 475, 575, 577, 578, 582; 사도직에 있어서 믿음, 315, 695, 785, 794, 798, 968; 순명에 있어서 믿음, 617, 621, 623, 628, 629, 727; 신학적 덕, 394, 489, 576, 584, 667; 초자연적 안목, 279, 280, 298, 378, 702, 837; 활동적인 믿음, 1, 317, 380, 579, 583, 585-588, 842. 초자연적인 안목 참조.

(ㅂ)

▪바라고 있는 생각들, 신비주의 776, 822, 832, 837.

▪방법 470부터 491까지; 그것들을 아껴두지 말라, 82, 317, 324, 345-347, 404, 471-473, 480; 좋은 의지, 350, 362, 484-486, 488, 490, 491, 716, 990; 초자연적 방법들 안에서의 믿음, 365, 433, 470, 474-483, 489, 577, 585, 586.

▪병 194, 294, 361, 419, 706, 723, 969. 고통 참조.

▪보상 112, 182, 413, 690, 861, 886; 보속, 269, 288, 402, 436, 532, 897; 성모님, 503, 506; 속죄의 과정, 210, 215, 216, 219, 222, 234, 242.

▪보속 208부터 234까지; 금욕, 보속, 196, 202, 208, 209, 214, 223-231, 233, 885, 938; 보속의 덕, 200, 211-213, 232, 870, 884, 886; 보속의 정신, 169, 197, 218, 224, 548, 550, 701, 946, 989; 십자가 곁의 성모님, 503, 506, 508; 회개, 속죄, 182, 210, 215-219, 221, 222, 234, 861, 929, 969. 용서 참조.

■보편성 7, 315, 520, 525, 764, 796, 928, 963; 성인들의 통공, 545, 548, 549, 960; 일치, 517, 947, 965, 966.

■복되신 동정녀 '성모님' 참조.

■복음 2, 416, 470, 583, 586.

■봉사, 봉사와 애덕, 440, 460, 461; 하느님께, 293, 300, 364, 413, 519, 669, 761, 905. 자아 포기 참조.

■부르심 902부터 928까지, 결심하기, 401, 762, 763, 773, 797, 902, 903; 겸손, 485, 580, 602, 605, 606, 608, 884; 관대함, 30, 153, 157, 420, 779, 834, 907; 그리고 사도직, 1, 796, 800, 805, 835, 916, 920, 973; 그리스도를 따르기, 299, 426, 584, 628, 742, 804, 982; 그리스도와의 우정, 303, 421, 422, 432 437, 687, 764; 그만한 보람이 있다, 171, 255, 670, 755, 790, 791, 919; 믿음, 483, 567, 577, 581, 585, 586, 588; 변명들과 저항, 6, 251, 491, 707, 761, 776, 964; 굴복, 부르심에 응답함, 218, 519, 676, 909, 913, 918, 984; 기쁨, 662, 665, 766, 807, 808, 906, 992 사랑과 자유, 16, 122, 125, 293, 316, 417, 425; 사랑의 약속, 28, 145, 146, 148, 155, 806, 811; 성모님의 도우심, 492-494, 497, 513; 성소의 목적은 성화, 250, 282, 285, 292, 408, 815, 817, 960, 961; 성소의 표지들과 성소를 알아내기, 300, 413, 490, 580, 798, 810; 세상 한 복판에서, 831, 837, 840, 914, 917, 921, 928; 신적 선택, 부르심, 291, 301, 323, 360, 801, 904, 905; 어려움들, 376, 476, 480, 482, 644; 유혹, 170, 479, 910, 993-997; 인내, 129, 324, 377, 566, 813, 985-987, 999; 전문적인 직업, 하느님 성소의 일부분, 335, 346, 347, 359, 799; 충실, 충성, 144, 296, 729, 730, 733, 924; 평화, 308, 758, 760, 768; 하느님의 도구, 475, 484, 612, 792.

■분노 8-10, 20, 25, 654, 656, 698.

■분별 '침묵' 참조.

■불공정 36, 46, 672, 673, 688, 691, 694, 695. 정의 참조.

■비겁 18, 33-36, 54, 251, 603; 내적 생활에서, 65, 169, 348, 714, 828, 985; 사도직에서, 792, 841, 903. 용기 참조.

■비관론 52, 378, 404-406, 473, 474, 660, 792, 988; 상식과 초자연적 감각, 390, 392, 688, 694, 706, 723, 879, 887.

■비타협(거룩한) 198, 369, 387, 393-400, 407, 850.

■비판적인 정신 49, 52, 53, 343, 442-449, 451-457, 675, 777, 820, 945.

（ㅅ）

■사도 929부터 959까지; 겸손, 365, 474, 830, 834, 932, 935, 959; 그리스도와 함께 구원에 협력하는 사람들, 1, 109, 687, 904, 905, 929, 967; 기도와 희생의 영혼, 89, 105, 108, 232, 528, 937, 938, 946, 969; 다른 덕, 129, 631, 931, 936, 940, 947; 다른 사람들을 성화시키기 위하여 자신을 성화시키다, 284, 835, 837, 930, 944, 960, 961; 담대함, 35, 380, 387-390, 850, 877, 982; 도구가 되기, 360, 475, 484-486, 491, 909; 모범, 11, 342, 371, 372, 383, 411, 661, 795, 842, 943; 사교성, 애덕, 412, 459, 464, 806, 839, 948, 951, 955-957; 사도로서의 그리스도인, 7, 16, 24, 833, 921, 933, 942; 사도 중의 사도, 791, 793, 803, 808, 809, 811, 920; 신념, 315, 489, 695, 785, 794, 912, 968; 사도적 열망, 영혼들에 대한 열망, 32, 315, 796, 804, 806, 810, 934; 우정, 807, 831, 838, 846, 970-977; 일을 통해, 344, 353, 358, 359, 373, 407, 799, 832; 자연스러움, 379, 840, 841, 843, 848, 939, 958; 희망, 19, 255, 473, 490, 660, 774, 802, 911.

■사도직(전술) 831부터 851까지, 그리고 960부터 982까지; 결과, 28, 129, 199, 473,

697, 794, 916, 968; 공부를 통해, 335, 336, 340, 346, 782, 978; 보편성, 7, 812, 928, 947, 963-966, 980, 981; 사도직에서의 자연스러움, 380, 643, 835, 842, 970; 성모님, 494, 505, 515, 982; 세상을 성화시키다, 1, 121, 376, 831, 833, 844, 911, 944; 수호천사들의 도움들, 563-566, 570; 순명, 315, 488, 614, 616, 619, 629, 915, 941, 949-954; 신념, 137, 175, 255, 317, 471; 489, 583, 585, 649, 695; 애덕, 일치, 192, 550, 830, 847, 940, 955, 957, 962; 친구 간의 사도직, 846, 850, 971-975; 교리를 통한 사도직, 338, 344, 349, 467, 582, 836, 849; 인간의 모든 활동의 정점에 그리스도를 모시기, 301, 347, 764, 914; 일을 통해, 347, 353, 799, 832, 979; 초자연적인 방법들, 82, 89, 105, 108, 470, 546-549, 837, 960, 969, 982; 편지로 하는 사도직, 312, 547, 976, 977.

■사려깊음 사도직에서, 35, 275, 479, 851, 952, 954; 사리분별, 639-646, 650-653, 674; 사추덕(네가지 덕), 40, 51, 266, 404-406, 427, 454, 845.

■사제들 66부터 75까지; 사제들을 존경하고 사랑함, 66-70, 73-75, 526, 898; 사제적인 덕, 71, 72, 98, 291, 530-532, 543, 638.

■삶(인간의) 135, 224, 297, 306, 420, 692, 703, 752, 753; 삶의 의미, 279, 280, 575, 582, 737, 738, 766, 783, 832.

■삶(초자연적인) '초자연적인 삶' 참조.

■생활계획 77, 304, 375, 409, 490, 815, 817, 822; 근면함, 15, 334-337, 341, 348, 355-359; 생활의 규준, 81, 88, 99, 106, 173, 377, 486, 534, 986; 양심성찰의 필요성, 235, 238-240, 241, 243, 772; 영웅적인 1분, 78, 191, 206, 253; 질서, 시간의 선용, 13, 23, 76, 79, 80, 354-358; 투쟁, 11, 17, 19, 21, 192, 307, 331, 362.

■생활의 일치 2, 81, 82, 271, 367, 409, 411, 967; 기도와 사도직, 일, 277, 334-337, 346, 347, 359, 825, 895; 자신의 믿음과 시종일관된 생활, 266, 268, 273, 275, 353,

578, 579, 842, 933.

■서적 339, 467.

■성 요셉 559−561, 653.

■성격 1부터 55까지; 관대함, 1, 6, 29−32, 46, 307; 견인, 5, 48, 54, 311, 603, 696; 단순함, 47, 53; 담대함, 용감, 12, 18, 35, 44, 401; 도량이 큼, 7, 16, 24, 28, 52; 성격 형성, 4, 20, 22, 38, 295, 590; 성숙, 17, 41, 43, 55, 343, 427; 우리 행동의 세련됨, 2, 350; 의지, 11, 19, 23, 36, 364, 615; 진실성, 33, 34, 37, 40, 353, 393; 진지함, 3, 49− 51; 집착, 13, 15, 21, 39, 42, 45; 침착, 8−10, 14, 25, 374, 665. 덕 참조.

■성교회 517부터 527까지; 교회의 표지들, 7, 517, 525, 847, 947, 963, 964, 966; 사제직, 66−68, 71, 72, 74, 526; 성교회와 교황성하를 사랑함, 518−520, 526, 573; 성인들의 통공, 315, 469, 544, 545, 548−550; 전례와 성사들, 521−524, 527, 542, 543; 초자연적 목적, 291, 301, 796, 801, 832, 833, 904, 906, 942; 충실, 338, 400, 576, 582, 685, 836, 849.

■성령 57, 58, 62, 130, 273, 599, 760, 852.

■성모님 492부터 516까지; 거룩한 정결, 144, 511; 그분의 겸손과 자연스러움, 491 499, 509, 510, 598, 653; 그분의 애정의 다정다감하심, 498, 504, 505, 516; 마리아님과 내적 생활, 492−495, 502, 711, 833, 884, 898, 900; 성모님을 논하고 사랑함, 93, 269, 514, 721; 성모님을 공경함, 272, 276, 500, 501, 557, 558; 십자가 아래 서 계신 성모님, 503, 982; 필수불가결한 꿋꿋함, 497, 507, 508, 513, 515; 하느님의 어머니와 모든 이들의 어머니, 268, 496, 506, 512, 907.

■성소를 위한 활동 790부터 812까지; 그리스도인 전향, 301, 412, 790, 793, 801, 806, 809; 담대함, 401, 482, 792, 851, 916; 사도중의 사도, 791, 796, 803, 810, 811, 831,

920; 수호천사들, 563-566; 열매들, 28, 629, 779, 794, 807, 808; 전문적인 일, 799, 805, 835, 978; 초자연적 방법, 494; 764, 798, 800, 802, 804, 911, 972.

■성숙, 경솔, 17, 18, 41, 42, 374, 939; 경솔에 대한 치유책, 13, 333, 343, 375, 564, 590; 진지함, 2, 3, 43, 49-51, 55, 427.

■성인들 133, 143, 146, 164, 468, 470, 483, 874, 947.

■성인들의 통공 544부터 550까지; 상호간의 도움, 464, 545, 546, 549, 997; 애덕, 363, 469, 548, 550, 847, 977; 초자연적 삶의 통공, 315, 544, 547, 960. 애덕, 우애, 일치 참조.

■성체, 감실 안에 계시는 우리 주님, 269, 270, 322, 537, 554, 569, 876; 애덕, 일치, 105, 321, 535; 영성체, 117, 532, 534, 536, 538-540, 710, 896; 예수 그리스도의 참된 현존, 87, 432, 438, 531, 843; 희생, 530, 533.

■세상 1, 301, 432, 676, 832, 848; 세상을 성화시킴, 112, 347, 376, 764, 831, 911, 914, 928, 944.

■소심증 258부터 264까지; 그것들을 강하게 거절함, 140, 258, 260, 263, 349, 539, 710, 724; 순종, 259, 261, 262, 264, 718.

■속죄 269, 288, 402, 436, 532, 897; 보상, 112, 182, 413, 690, 861, 886; 성모님, 503, 506; 속죄의 과정, 210, 215, 216, 219, 222, 234, 242.

■수호천사들 562-570, 150, 976.

■순종 614부터 629까지: 겸손한 순종, 63, 190, 618, 620, 626, 706, 715; 내적 생활에서, 59, 60, 64, 377; 사도직에서, 315, 383, 614, 616, 936, 941, 952; 순종으로 신뢰하다, 617, 621-623, 625, 628, 629, 727; 온순함, 56, 62, 156, 362, 624, 761, 777; 지적인 순종, 333, 615, 619, 627.

■슬픔 '비관론' 참조.

■시간을 선용함 6, 13, 14, 251, 253, 254, 354, 355, 420; 생활 계획, 질서, 17, 80, 530, 616; 우리들의 일에서, 15, 356- 358.

■시련들 685부터 706까지; 그것들을 이용하기, 201, 208, 219, 230, 308, 696, 701, 726, 727; 모순들, 14, 165, 485, 687-689, 693-695, 717, 955, 956; 믿음과 희망, 209, 404-406, 685, 691, 692, 702-705, 720, 722, 733, 879; 성모님의 도우심과 위로, 506, 508, 509, 513-516; 십자가를 위한 사랑, 178, 204, 213, 234, 277, 302, 690, 699, 704, 718; 어려움들, 12, 317, 476, 480, 482, 487, 697, 700, 706. 고통 참조.

■신격화 274, 283.

■신뢰 314, 363; 성모님, 498, 514, 721, 900; 신뢰의 기도, 95, 113, 729, 732; 어려움 중에, 273, 309, 482, 483, 487, 711, 721; 하느님 안의 신뢰, 94, 168, 472-475, 733. 신적인 자녀됨, 희망 참조.

■신심 551부터 574까지; 그리스도의 상처에 헌신, 58, 288, 555; 기도의 정신, 551, 552, 574; 다른 신심들, 312, 518, 520, 526, 553, 556, 557; 성 요셉, 559-561; 성모님 숭배자, 500, 558; 성수, 572; 성찬의, 438, 528, 539, 543, 554, 569; 성화나 성상들에, 501, 542; 수호천사들에게, 562-570; 연옥 영혼들을 위하여, 571. 십자고상, 초자연적인 삶 참조.

■신적인 자녀됨 274, 435, 440, 860, 864, 894, 919, 948; 거룩하신 동정녀 마리아, 506, 512; 영성 생활의 토대, 721, 722, 867, 870; 하느님의 현존, 기도, 93, 115, 246, 265, 267, 887, 890; 희망, 신뢰, 669, 739, 746, 881, 884, 886, 892. 기준 참조.

■신적인 자비 93, 309, 431, 711, 747.

■신중함 639부터 656까지; 겸손, 단순함, 410, 440, 647-649, 651, 654, 656, 848,

877, 952; 사도직에서, 347, 839, 846, 958, 970, 972, 986; 사려 분별, 51, 55, 639-642, 645, 652, 655; 성모님, 499, 510, 653; 신중함, 643, 644, 646, 650, 674; 자연스럽게, 351, 352, 379, 380, 743, 840, 843, 858.

■실패 404-406, 415, 691, 699.

■십자가, 나무 십자가, 178, 277; 성십자가에 대한 사랑, 628, 687, 690, 691, 710, 726, 758, 775; 십자가 곁에 계신 성모님, 497, 503, 506-509, 982; 십자가를 향한 마음, 144, 151, 158, 163, 169 희생과 금욕, 175, 182, 186, 194, 474, 651, 658, 763. 고통, 구속, 금욕, 보속 참조

■십자고상 178, 277, 302, 470, 556, 775, 811; 그리스도의 상처에 봉헌, 58, 288, 555.

(ㅇ)

■악마 236, 413, 567, 572, 750; 신앙의 공격, 384, 576, 725, 923.

■애덕 440부터 469까지; 기부금, 466-468; 새로운 계명, 154, 161, 385, 469, 683; 세상 곳곳에 애덕을 뿌리기, 32, 412, 459, 464, 465, 944, 967; 애덕과 정의, 450, 451, 454, 455, 457, 654, 656, 675; 애덕과 참을성, 10, 361, 369, 397, 399, 424; 애덕의 발로, 31, 350, 452, 689, 795; 애덕의 특징들, 20, 25, 173, 174, 179, 959; 우정, 우애, 365, 366, 458, 460-462, 480, 545; 이해, 198, 442, 443, 456, 463, 686; 제8계명, 49, 53, 444 - 449, 453; 하느님을 위하여 다른 사람들을 사랑함, 284, 418, 419, 440, 441, 678, 933. 하느님의 사랑 참조.

■야망(고상한 야망) 24, 112, 825, 874, 911, 949.

■양심성찰 235부터 246까지; 사랑의 슬픔, 242, 244, 246; 성찰의 정신, 239, 245, 248, 772, 778, 788; 일반 성찰, 235, 238; 진지함과 용감, 18, 236, 237, 243, 700, 787; 특별

성찰, 205, 238, 240, 241.

■어려움들 480, 482, 691, 697, 699; 명랑함, 658, 660, 671, 672; 모순들, 685, 689, 695, 696; 믿음 희망, 165, 489, 717, 718, 722; 성모님께 도움 청하기, 497, 513. 견인 참조.

■어린이(영적) '영적 어린이' 참조.

■영성 지도 56부터 80까지; 소심증, 259, 261, 262; 사제, 도구, 66, 67, 72, 74, 463; 성령의 일, 57, 58, 62, 756; 순종과 은총에 고분고분함, 56, 59, 60, 63, 339, 715; 영성지도가 요구되는, 158, 166, 231, 233, 361; 진지함, 64, 65, 305, 444, 862; 투쟁 중의 도움, 76-80.

■영적 독서 116, 117.

■영적 어린이(어린이의 삶) 852부터 901까지; 겸손, 862, 865, 868, 869, 871, 872, 880, 882; 기도, 153, 888-897; 담대함, 389, 390, 402, 403, 857, 874; 사랑, 875, 878, 881, 883, 885, 901; 성모님, 498, 516, 900; 신심, 557, 859, 866, 876, 898; 성스러운 친자관계와 맡김, 852, 860, 863, 864, 867; 양심가책, 861, 870, 873, 879, 884, 886, 887; 힘과 성숙, 55, 697, 853-856, 858, 877, 899.

■연옥 영혼들 571, 898.

■예수 그리스도, 그리스도를 모방함, 2, 213, 229, 323, 699, 773; 그리스도의 겸손함을, 105, 168, 321, 421, 974; 그리스도의 부르심, 229, 291, 342, 607, 670, 683, 758, 829; 그리스도인, 또 한 분의 그리스도, 1, 154, 271, 416, 687, 842; 그분 안의 믿음, 212, 382, 426, 584; 그분과의 일치, 165, 314, 730-732, 780, 781; 그분의 상처들, 288, 555; 그분의 숨은 삶을 묵상함, 94, 356, 491, 840; 그분의 수난, 58, 296, 556, 606, 671, 841; 가르침들, 84, 89, 819; 마리아님과 요셉을 통해 그리스도께로 276, 495, 497, 502, 503,

506-510, 559, 560; 모든 인간 활동의 정점에 그분을 모시기, 301, 347, 764, 914; 비유들, 354, 585, 695, 701, 794; 성사 안에서의 그리스도의 현존, 310, 322, 432, 531, 533, 537, 538; 십자가위의 그리스도, 178, 299, 302, 437, 628, 694; 예수 성심, 155, 230, 422, 769, 884; 예수님의 이름, 303, 312.

- 오해 491, 643, 647, 650, 688, 697, 964.
- 온유함 4, 8-10, 20, 25, 654, 656, 671, 698.
- 올바른 지향 '지향' 참조.
- 외적인 태도 '행동' 참조.
- 요셉 '성 요셉' 참조.
- 용기 12, 169, 387-391, 401, 479, 482, 487; 금욕적인 투쟁 중에서와 사도직에서, 18, 132, 237, 251, 393, 497, 792, 841, 982; 진리를 방어함, 33-35, 54, 353, 393, 394, 836, 849. 견인, 담대함, 비겁 참조.
- 용서 267, 309, 441, 446, 452, 686, 689, 887. 보속 참조.
- 우애 365, 366, 458, 460-462, 469, 948; 사도직에서, 665, 924, 927, 955-957, 977; 애덕, 일치, 31, 55, 385, 465, 480, 544, 545, 549, 974. 일치 참조.
- 우유부단함 237, 300, 316, 797, 902, 910, 995; 믿음과 우유부단함, 1, 515, 757, 798, 964, 985.
- 우정 159, 161, 838; 예수 그리스도와의 우정, 88, 91, 421, 422, 806; 친구간의 사도직, 790, 798, 807, 846, 970-977. 우애 참조.
- 원리 338, 349, 384, 394, 582, 782, 836, 978.
- 유혹 6, 134, 140, 384, 434, 707, 708, 725, 727; 그것들을 다루는 법, 307, 308, 485, 704, 973, 993; 그 기회들로부터 달아나기, 127, 131, 132, 163, 166, 167, 170, 576,

714; 방법, 64, 124, 357, 483, 715, 923, 986, 991, 997; 천사들과 성모님의 도우심, 493, 498, 504, 513-516, 566, 567; 투쟁, 133, 138, 139, 141-143, 149, 302, 433, 716, 788. 내적투쟁 참조.

■은총 56, 286, 324, 707, 719, 756, 897, 913; 마리아님, 중재자, 493, 512, 513, 516; 성스러운 친자관계의 정신과 인내, 308, 318, 856, 990; 영혼 안에서의 그 활동, 294, 313, 483, 599, 604, 608; 온순함과 은총에의 응답, 152, 242, 255, 362, 761, 784, 992; 온전히 응답하기, 670, 807, 829, 901, 965, 985. 은총의 도움, 12, 221, 298, 434, 457, 580, 717, 794.

■의지 316-318, 324, 490, 718, 756, 777; 견인, 5, 11, 12, 21-25, 36, 44, 615; 실제로 자진해서 하기, 293, 382, 413, 757-759, 762, 763, 766; 투쟁, 4, 19, 42, 222, 295, 320, 714. 견인 참조.

■이기심 29-31, 36, 38, 458, 602, 643, 683, 780, 784. 관용, 자아 포기 참조.

■이상 426, 493, 644, 830, 910, 987, 995.

■인간을 의식 185, 353, 387-392, 466, 491, 541, 688, 787; 담대함, 401, 479, 482, 841. 담대함, 비겁 참조.

■인간적인 덕 '덕' 참조.

■인내 983부터 999까지; 결심, 247, 249, 251, 253, 254; 기도에서의 인내, 100, 101, 104, 552, 891, 893; 노력, 39, 285, 434, 730, 924, 927, 987, 998; 마지막 돌들, 최후의 투쟁, 42, 324, 720, 733, 819, 823; 믿음과 희망을 가지고, 485, 581, 695, 825, 882, 983, 993; 사랑 때문에, 413, 519, 813, 994, 999; 성모님, 502, 513-516; 성화의 길에서, 255, 300, 644, 709, 910, 934, 965, 985; 시작하고 다시 시작하라, 257, 290, 292, 711, 990-992; 인내의 방법, 129, 534, 986, 997; 투쟁 중에 꿋꿋함, 44, 45, 478, 482,

822, 988, 995, 996. 견인, 참음 참조.

■일, 시간의 선용, 13-15, 21, 23, 354-358, 486; 올바른 지향, 24, 31, 32, 784, 788, 789; 일에서 덕을 실천함, 1, 335, 336, 343, 378, 440, 545, 748; 일을 성화시킴, 301, 337, 341, 346, 491, 799, 815, 817, 825; 일을 위한 사랑, 162, 306, 334, 348, 373, 697, 933; 잘된 일, 17, 333, 340, 374, 826, 830; 좋은 모범, 342, 353, 371; 직업적 명성, 294, 332, 347, 350-352, 372; 하느님의 현존, 277, 302, 359, 545, 772, 778.

■일치 381, 535, 830, 940, 962, 968; 성인들의 통공, 545, 548, 549, 960; 일치, 우애, 460, 462, 464, 480, 847, 953-956; 일치와 다양성, 517, 525, 624, 947, 957, 963, 965, 966.

(ㅈ)

■자기 부정 186, 625, 684, 763; 그 열매들, 175, 194, 834.

■자기 인식 18, 50, 225, 686; 겸손의 조건, 591-597, 604-609, 690, 698, 729, 780, 882-884.

■자기 통제 19, 295.

■자기중심주의 '이기심' 참조.

■자아 포기 218, 316, 684, 731, 761, 776, 829; 관대함, 30, 155, 157, 171, 834; 마음의, 145, 146, 153, 164, 166, 167, 170, 786; 봉사정신, 293, 364, 617, 683, 936; 자아 포기의 열매들, 476, 659, 662, 779, 810, 909, 918; 하느님께 헌신, 299, 301, 420, 477, 670, 791, 807, 902. 관용, 봉사 참조.

■자유 159, 160, 170, 214, 293, 761, 762.

■작은 일들 813부터 830까지; 그것들을 사랑으로 위대하게 만듦, 418, 429, 813, 814,

824, 829; 그것들의 가치, 362, 590, 755, 825, 827; 그것들의 효용함, 19, 776, 820-823, 828, 830; 금욕적인 투쟁에서, 204, 205, 307, 329, 410, 618, 681, 991; 내적 삶에서, 272, 281, 302, 557, 590, 911, 912; 성화와 작은 일들, 243, 409, 614, 815-819, 826, 998.

■전례 86, 521-524, 527, 530, 541-543.

■절제 38, 135, 138, 195, 367, 676, 677; 진지함, 126, 197, 205, 630, 631, 679-682, 938. 탐식,감각들을 지키기 참조.

■정결 118부터 145까지; 그것을 사랑하는 방법, 118, 124, 125, 130, 302; 그리고 사도직, 121, 129, 490, 850, 929; 그리고 초자연적 삶, 137, 280, 677, 707, 708, 991; 기쁜 확언, 122, 123, 131, 135, 367; 성모님, 지순한 사랑의 어머니, 493, 504, 513; 순결과 결혼, 27, 28, 71, 120; 정결과 사랑, 119, 136, 139, 145, 159, 165, 212, 886; 정결의 옹호, 126, 128, 134, 170, 511, 682; 투쟁, 127, 132, 133, 138, 140, 141-144, 167, 741. 감각들을 지키기 참조.

■정의 36, 46, 400, 407, 603, 686, 702; 그리고 애덕, 449-451, 454, 457. 불공정 참조.

■정신형성(교리적인) 360부터 386까지; 기준, 305, 384, 400, 407, 603; 사도직을 위하여, 346, 347, 349, 370, 371, 379, 380, 921; 필요성, 26, 344, 367, 376, 377, 382, 756. 기준 참조.

■정신형성(직업적인) 332-334, 336, 339, 344, 372, 467; 사도직을 위하여, 338, 340, 342, 345-347; 인간적인 덕, 350-352, 877, 947. 과학 참조.

■죄 141, 296, 386, 662, 708, 880; 겸손, 신뢰, 200, 260-264, 536, 711, 712, 719, 865, 870, 991; 보속, 197, 211, 402, 532, 596, 671, 861, 886; 사죄, 211, 267, 309, 310, 452, 686, 884, 887, 985; 성모님의 도우심, 493, 495, 498, 503, 506, 516; 소죄,

327-331, 828; 유혹, 투쟁, 127, 132-142, 167, 307, 713-716, 879, 992; 죄에 대한
증오, 286, 357, 435, 437, 734, 749. 보속 참조.

■죽음 735부터 744까지; 마지막 일들, 601, 634, 678, 736, 740-742; 영원, 703, 734,
737, 752, 753, 837; 신념, 692, 735, 738, 739, 743, 744.

■지옥 56, 141, 734, 749, 750, 752.

■지향 24, 32, 37, 147, 215, 280, 440, 466, 481, 693; 교정하기, 161, 290, 331, 367,
700, 772, 784, 787-789; 작은 일들에서, 813, 814, 816, 820, 822, 826, 829; 하느님의
뜻을 갈망함, 109, 287, 359, 490, 688, 709, 778; 하느님의 영광을 찾음, 252, 649, 684,
780, 781-783, 837, 842, 967.

■진실됨, 진리를 말함, 65, 443, 447, 449, 450, 862, 868, 932; 진리를 옹호함, 35, 54,
338, 339, 393, 400, 451, 576, 849; 진리를 위한 사랑, 25, 33, 34, 333, 336, 467, 575;
진리를 확언, 349, 353, 517, 582, 587, 782, 833, 836.

■진지함, 영성지도, 64, 65, 259, 444, 596, 862, 932; 인생의 진지함, 2, 342, 353, 409,
411, 491, 579, 842, 933; 자기 자신에게, 18, 33, 34, 37, 236, 662, 700, 788; 하느님께,
47, 865, 868, 870, 880, 884, 887.

■질서 15, 76, 78-80.

(ㅊ)

■참음 698, 702; 어려움에 직면해서, 688-692, 697; 온순함, 4, 8-10, 20, 25, 654,
656, 671. 견인 참조.

■천국 297, 428, 751-753; 그것을 얻기 위해 투쟁하다, 29, 720, 748, 754, 819; 성모
님, 512; 희망, 139, 669, 692, 737, 738.

■초기 그리스도인들, 그들을 모방함, 469, 483, 570, 581, 925; 사도직에서, 376, 799, 802, 966, 971.

■초자연적 삶 279부터 324까지; 그리스도 안에서 살기, 87, 288, 416, 422, 721, 882; 그리스도와의 결합, 271, 302, 303, 314, 321, 781; 내적 생활, 83, 283, 294, 651, 697, 837; 사도직의 동요, 412, 791, 796, 810, 842, 844, 942, 961; 사랑의 삶, 418, 429, 433, 668, 813; 814; 생생하고 활동적인 믿음, 575, 577, 578, 583, 584, 586, 588, 727; 생활 계획, 77, 307, 375-377, 815; 성모님과 성 요셉, 492, 493, 513, 559-561; 성사들, 211, 310, 322, 521, 533, 534; 시작하고 다시 시작하는 것, 292, 298, 318, 325, 404, 711; 십자가를 위한 사랑, 180, 187, 203, 209, 218, 224, 402; 은총에 개인적으로 상응함, 293, 313, 316, 317, 326; 은총의 활동, 57, 58, 273, 286, 667, 719; 일 하는 생활, 335, 337, 356, 359; 일치의 삶, 81, 82, 341, 346, 347, 367, 409, 411; 초자연적 기쁨, 638, 657, 659, 662, 665; 초자연적 안목, 278-280, 297, 389, 702; 하느님의 현존, 89, 103, 108-110, 135, 278; 회상, 184, 281, 304, 319, 368. 신심 참조.

■초자연적 안목 280, 297, 404-406, 415, 416, 664, 702, 837; 믿음, 279, 378, 575, 587. 믿음 참조

■초연 189, 668, 770, 786, 931; 마음으로부터, 147-160, 678, 689, 722, 726, 907; 세상 물건으로부터, 630-634, 636, 789, 918. 가난 참조.

■최종 판단 '판단' 참조.

■추문 349, 370, 400, 411, 596. 행동 참조

■충성 '충실' 참조.

■충실 413, 472, 514, 519, 730; 충성, 296, 369, 393-400, 453.

■침묵 281, 304, 509, 627, 639, 640, 674; 그리고 애덕, 443-449, 453, 455, 456, 654,

656, 839; 모순들 앞에서, 491, 671, 672; 신중, 641-650, 652, 653, 655.

(ㅌ)

■타협하지 않음 '비타협(거룩한)' 참조.

■탐식 126, 196, 679-682. 절제 참조.

■통치 352, 407, 457; 모범을 보여줌, 371, 372, 383, 411, 621; 실천하고 있는 덕, 10, 53, 424, 463, 488.

■통회 216, 242, 436, 503, 532, 597, 605; 사랑의 고통, 246, 437, 439, 441, 506, 508, 591, 861.

(ㅍ)

■판단 168, 431, 745-748, 930.

■평온 3, 14, 374, 702, 705, 760; 사도직에서의 평온, 464, 465, 802, 837; 온순함, 8-10, 20, 25, 654, 656, 698.

■평화, 그리스도의 평화, 258, 301, 582, 607, 715, 864, 894; 사도직에서, 445, 464, 465, 802, 837, 838; 성모님, 498, 516; 하느님께 의탁함, 62, 152, 691, 726, 758, 760, 767, 768; 평온, 3, 8-10, 374, 702, 705, 759; 투쟁의 열매들, 201, 256, 308, 620, 696, 724, 777. 평온 참조.

(ㅎ)

■하느님을 두려워함 141, 326, 386, 435, 734, 747, 749, 752.

■하느님의 도구 381, 477, 484, 488, 684; 겸손, 온순함, 475, 483, 612, 617, 723; 사도

직에서, 485, 486, 491, 803, 830.

■하느님의 뜻 754부터 778까지; 그것을 완수함, 413, 480, 691, 754, 755, 761, 763, 776, 912; 그것을 위해 포기, 718, 729, 731, 739, 758, 760, 766-768, 864; 그것을 증명, 사랑, 213, 756, 757, 759, 762, 765, 773, 774; 성모님의 충실함, 497, 508, 510, 512; 온순함, 순종, 156, 617, 628, 629, 775, 777; 올바른 지향, 287, 293, 490, 709, 772, 778, 787-789.

■하느님의 사랑 417부터 439까지; 마리아님, 지순한 사랑의 어머니, 492, 493, 504, 506; 마음으로, 111, 155-157, 161, 164, 171, 421, 878; 보속, 182, 212, 215, 232, 881, 885; 사랑의 고통, 246, 328, 402, 436, 439, 441; 사랑의 삶, 24, 119, 303, 433, 667, 668, 727, 994, 999; 육화되신 하느님의 사랑, 422, 426, 432, 437, 537, 538, 801; 인간을 위한 하느님의 사랑, 16, 139, 244, 267, 425, 434, 875; 자녀다운 두려움, 386, 435; 하느님 사랑에 상응함, 401, 420, 423, 427, 429, 529, 568, 806, 901; 하느님은 사랑이시다, 93, 417, 428, 431; 하느님을 위해 다른 사람들을 사랑함, 154, 412, 419, 424, 430; 하느님의 사랑으로 사람들을 불태움, 1, 474, 790, 796, 922, 944, 967; 행실로 하는 사랑, 91, 323, 743, 813, 814, 824, 859, 933.

■하느님의 영광 779부터 789까지; 올바른 지향, 287, 490, 772, 778, 781, 787-789, 826; 하느님께 모든 봉헌을, 186, 617, 622, 684, 763, 782, 842; 하느님을 위한 모든 영광, 147, 780, 783-786.

■하느님의 현존 265부터 278까지; 그 중요성, 278, 283, 319, 320, 390, 471, 473, 551; 기도 중에, 85, 88, 90, 91, 97, 102, 114, 115; 일과 속에, 103, 110, 277, 718, 772, 815, 884, 894; 방법, 268-270, 272, 288, 302, 312, 540, 564, 567, 986; 성모님을 통해, 276, 495, 900; 일치의 삶, 266, 271, 273, 275, 287, 359, 416, 882; 하느님의 자녀,

265, 267, 274, 865, 878, 895, 897, 898.

■행동 3, 47, 161, 350-352; 좋은 모범, 2, 275, 370, 626, 661.

■허영 47, 48, 351, 352, 459, 600-602, 613, 958; 허세, 589, 590, 592, 595, 648, 649, 780, 781-784, 839. 교만 참조.

■현실주의 13, 40, 363, 471, 488, 688, 706, 845; 경험, 405, 468, 689, 702, 828; 내적 생활에서, 247, 249, 253, 289, 815, 817, 820-827.

■혼인성사, 성소, 26-28, 360; 인간적인 사랑, 120, 121, 147, 159, 824.

■환경, 그것에 그리스도인의 영향을 미치기, 376, 566, 805, 850, 986; 자연스러움, 379, 380, 982.

■회개 285, 776; 개선하기, 290, 292, 998, 326; 다시 시작하기, 404, 405, 711, 712, 729; 성모님의 도우심으로, 495.

■회상 184, 281, 283, 294, 304, 319, 368, 375.

■휴식 357, 706, 723.

■희망 96, 667-669, 692, 721, 731, 733; 겸손, 264, 473, 581, 730, 731, 733; 모순앞에서, 169, 695, 706, 718; 신뢰, 582, 585, 586, 588, 701, 719, 721; 우리의 희망, 마리아님, 514, 515; 천국을 얻으려는 희망, 182, 720, 737, 738, 746, 748; 투쟁중에, 12, 95, 139, 715, 725-727.

■희생 81, 153, 185, 509, 651, 763, 961; 극기, 175, 255, 466, 647, 683, 807, 834; 순교, 182, 199, 205, 206, 622, 743, 848; 십자가, 178, 186, 204, 218, 277, 726, 775. 신뢰 참조.

성경인용 색인

4	I 열왕 2, 2	209	로마 12,12
12	시편 103,10	213	루카 22,39-46 참조
27	토빗 5-12 참조	216	시편 6,7 참조
57	I 코린 3, 16; 6, 19 요한 14,17	243	루카 16,10
67	시편 104,15	244	시편 54,13-15
75	창세 9,20-27	258	루카 24,36; 요한 14,27
84	마태 6, 9; 루가 11,1-4	262	로마 6,6
87	마태 4, 4	264	마태 9,5
89	루카 10, 42	268	에페 5,20 참조 I 테살 5,18
92	시편 38, 4	273	루카 1,28 참조
93	II 역대 7,3; 시편 117,1	291	마태 5,48
95	시편 30, 2; 70,1	296	마태 27,17-23 참조
96	루카 11, 9	300	마태 6,24
104	루카 6, 12	306	욥 7, 1 참조
110	요한 3,8	310	로마 13,14
135	I 코린 6, 20	318	I 코린 9, 24
138	로마 7, 24	324	루카 14, 30
142	마태 8,2-3; 마르 1,40-41	325	묵시 3,16 참조
	루카 5, 12-13 참조	326	시편 118,120
144	요한 19, 25-27 참조	329	아가 2,15
148	요한 4,14 참조	342	사도 1, 1
163	마태 5,29	354	마르 11, 13; 20, 22
183	II 사무 11,2-3	360	토빗 5-8 참조
199	요한 12, 24	378	로마 8,28 참조

편집자 주 : 저자는 불가타역 성경을 인용하고 있다. <길> 원본에 충실을 기하기 위하여, 인용된 성경 어구를 최근의 네오 불가타(Neo-Vulgate)역과 일치하는 성경 어구들로 대체하지 않는 것이 좋겠다고 생각하여 그대로 두었다

385	요한 13,34-35; 갈라 6,2	508	요한 19,25 참조
403	루카 1,38	510	루카 1,38
413	예레 2,20 참조	511	루카 1,30
416	요한 15,5	512	루카 1,38. 갈라 4,4-7
421	집회서 6,14 참조; 마태 6,21	520	갈라 1,18
422	요한 11,33-36 참조	527	마르 14,6
435	시편 18,10	536	마태 9,12; 마르 2,17; 루카 5,31
447	마태 12,36-37 참조	538	I 티모 6,15
460	잠언 18,19		묵시 19,16
461	I 요한 3,18	550	II 티모 2,10
466	마태 6,3 참조	568	아가 5,8
469	로마 16,15	570	사도 12,15
	II 코린 13,12	578	로마 1,17
	에페 1,1	580	루카 17,5 참조
	필리 1,1	584	히브 13,8
472	마태 6,33	585	마태 17,20
482	시편 26,1.3	586	이사 59,1
489	마르 11,23	588	마르 9,3; 루카 17,5
491	마태 13,55; 마르 6,3	598	루카 1,48
502	요한 2,1-11 참조	604	II 코린 12,10
504	집회서 24,24 참조	606	마르 11,2-7 참조; 요한 12,14-16
506	요한 19,25	607	마태 11,29
507	요한 2,1-11.19-25; 마르 11,1-10 참조	613	이사 40,15 참조
		621	히브 13,17

628 필리 2,8
629 루카 5,6
636 시편 61,11
653 마태 1,18-24
663 야고 5,13
666 Ⅰ역대 16,10
670 마태 19,29
671 마르 14,61
694 요한 11,53 참조
695 마태 13,36
699 루카 6,40; 마태 10,24
701 요한 15,1-8
707 Ⅱ코린 12,9 참조
712 시편 50,19
715 토빗 5,13
717 필리 4,13
719 요한 11,39.43
734 루카 22,53
748 Ⅰ코린 3,8; 로마 2,6 참조
750 에페 6,11-12 참조
751 Ⅰ코린 2,9
754 마태 7,21
758 마태 11,30 참조
759 루카 2,14 참조

760 시편 22,1
763 루카 1,38
766 요한 4,34
779 마르 10,29-30 참조
781 요한 15,5
785 시편 117,28
791 마태 19,29 참조
792 루카 5,4-5
794 루카 8,5
799 마태 4,18-22. 9,9; 마르 1,16-20
    참조; 2,13-22; 루카 5,9-11참조.
    27-38; 사도 9,1-30 참조
800 마태 9,37-38; 루카 10,2
801 루카 12,49
807 마태 19,20-22
819 마태 25,21
829 마르 12,41-44 참조
841 마르 15,42-46; 요한 3,1-15 참조;
    19,38-42
842 마태 5,16
843 요한 7,10; 20,14; 21,14
    루카 24,15-16 참조. 요한 20,14
872 마르 10,14-16
879 Ⅱ코린 11,30 참조

904   마태 28,19-20;마르 16,15 참조
906   루카 1,33
907   마태 10,37; 루카 2,49
912   루카 1,38
917   루카 24,32
921   마태 5,13 참조; 루카 14,34
930   마태 7,22-23; Ⅰ 코린 9,27
938   요한 12,24
966   마르 9,38-39
968   요한 17,21
972   시편 67,12
974   요한 12,1-3 참조
978   마르 1,17
980   Ⅰ 코린 9,5
981   루카 8,1-3
982   마태 27,55-56 참조; 마르 15,40-41 참조; 요한 19,25 참조
984   Ⅰ 사무 3,9

성경에서 인용된 구절

구약성경

사무엘기 상권
  3,9 • 984

사무엘기 하권
  11,2-3 • 참조. 183

열왕기 상권
  2, 2 • 4

역대기 상권
  16,10 • 666

역대기 하권
  7,3 • 93

토빗기
  5,13 • 715
  5-8 • 참조. 360
  5-12 • 참조. 27

욥기
  7,1 • 참조. 306

시편
  6,7 • 참조. 216
  18,10 • 435
  22,1 • 760
  26,1. 3 • 482
  30,2 • 95
  38,4 • 92
  50,19 • 712
  54,13-15 • 244
  61,11 • 636
  67,12 • 972
  70,1 • 95
  103,10 • 12
  104,15 • 67
  117,28 • 785
  118,120 • 326

잠언
  18,19 • 460

아가
  2,15 • 329
  5,8 • 568

집회서
  6,14 • 참조. 421
  24,24 • 참조. 504

이사야서
  40,15 • 참조. 613
  59,1 • 586

예레미야서
  2,20 • 참조. 413

신약성경

마태오 복음서
  1,18-24 • 참조. 653
  4,4 • 87
  4,18-22 • 참조. 799
  5,13 • 참조. 921
  5,16 • 842
  5,29 • 163
  5,48 • 291
  6,3 • 참조. 466
  6,9 • 84
  6,21 • 421

6,24 • 300

6,33 • 참조. 472

7,21 • 754

7,22−23 • 930

8,2−3 • 142

9,5 • 264

9,9 • 참조. 799

9,12 • 536

9,37−38 • 800

10,24 • 699

10,37 • 907

11,29 • 607

11,30 • 참조. 758

12,36−37 • 참조. 447

13,31−36 • 695

13,55 • 491

17,20 • 585

19,20−22 • 807

19,29 • 670

19,29 • 참조. 791

25,21 • 819

27,17−23 • 참조. 296

27,55−56 • 참조. 982

28,19−20 • 904

마르코 복음서

1,17 • 978

1,16−20 • 참조. 799

1,40−41 • 142

2,13−14 • 참조. 799

2,17 • 536

6,3 • 491

9,23 • 588

9,38−39 • 966

10,14−16 • 참조. 872

10,29−30. • 참조. 779

11,1−10 • 참조. 507

11,2−7 • 참조. 606

11,13 • 354

11,20−22 • 354

11,23 • 489

12,41−44 • 참조. 829

14,6 • 527

14,61 • 671

15,40−41 • 참조. 982

15,42−46 • 841

16,15 • 참조. 904

루카 복음서

1,28 • 참조. 273

1,30 • 511

1,33 • 906

1,38 • 403

1,38 • 510

1,38 • 512

1,38 • 763

1,38 • 912

1,48 • 598

2,14 • 참조. 759

2,49 • 907

5,4−5 • 792

5,6 • 629

5,9−11 • 참조. 799

5,12−13 • 참조. 142

5,31 • 536

6,12 • 104

6,40 • 참조. 699

8,1−3 • 981

8,5 • 794

10,2 • 800
10,42 • 89
11,1-4 • 84
11,9 • 96
12,49 • 801
14,30 • 324
14,34 • 921
16,10 • 243
17,5 • 588
17,5 • 참조. 580
22,39-46 • 참조. 213
22,53 • 734
24,15-16 • 참조. 843
24,32 • 917
24,36 • 258

요한 복음서
2,1-11 • 참조. 502
2,1-11 • 507
3,1-15 • 참조. 841
3,8 • 110
4,14 • 참조. 148
4,34 • 766

7,10 • 843
11,33-36 • 참조. 422
11,39. 43 • 719
11,53 • 참조. 694
12,1-3 • 참조. 974
12,14-16 • 참조. 606
12,24 • 199
12,24 • 938
13,34-35 • 385
14,17 • 참조. 57
14,27 • 참조. 258
15,1-8 • 701
15,5 • 416
15,5 • 781
17,21 • 968
19,25 • 507
19,25 • 참조. 508
19,25 • 참조. 982
19,25-27 • 참조. 144
19,38-42 • 참조. 841
20,14 • 참조. 843
21,4 • 참조. 843

사도행전
1,1 • 342
9,1-30 • 참조. 799
12,15 • 570

로마서
1,17 • 578
2,6 • 참조. 748
6,6 • 262
7,24 • 138
8,28 • 참조. 378
12,12 • 209
13,14 • 310

I 코린토
2,9 • 751
3,8 • 748
3,16 • 참조. 57
6,19 • 참조. 57
6,20 • 135
9,5 • 980
9,24 • 318
9,27 • 930

Ⅱ 코린토

11,30 • 참조. 879

12,9 • 참조. 707

12,10 • 604

13,12 • 469

갈라티아

1,18 • 520

4,4-7 • 참조. 512

6,2 • 385

에페소

1,1 • 469

5,20 • 참조. 268

6,11-12 • 참조. 750

필리피

1,1 • 469

2,8 • 628

4,13 • 참조 717

Ⅰ 테살로니카

5,18 • 참조. 268

Ⅰ 티모테오

6,15 • 538

Ⅱ 티모테오

2,10 • 550

히브리

13,8 • 584

13,17 • 621

야고보

5,13 • 663

Ⅰ 요한

3,18 • 461

요한 묵시록

3,16 • 참조. 325

19,16 • 538

또 넘어졌군요….
이번엔 대단하게! 가망이 없다고요?
아닙니다! 겸손해지십시오.
그리고 그대의 어머니 마리아님을 통해서
예수님의 자비로운 사랑에 의탁하십시오.

"저에게 자비를 베푸소서"라고 말씀드리면서,
그분께 마음을 들어올리십시오!
자, 다시 시작합시다.

박해의 폭풍은 좋은 것입니다.
잃어버린 것이 무엇입니까?
벌써 잃어버렸다면 더 이상 잃을 게 없습니다.

성교회라는 나무를 뿌리뽑을 수 있는
바람이나 폭풍은 없습니다.
나무가 뿌리째 뽑히지 않았다면
마른 가지들만 떨어집니다.
그것들은 잘 떨어졌습니다.